山东大学学科高峰计划考古与历史学项目经费资助

|光明社科文库|

档案与乡愁
乡村档案文化建设的山东探索

陈 建 ○著

光明日报出版社

图书在版编目（CIP）数据

档案与乡愁：乡村档案文化建设的山东探索 / 陈建著. -- 北京：光明日报出版社，2023.5
ISBN 978-7-5194-7238-2

Ⅰ.①档… Ⅱ.①陈… Ⅲ.①乡村—档案工作—文化事业—建设—山东 Ⅳ.①G275

中国国家版本馆 CIP 数据核字（2023）第 089165 号

档案与乡愁：乡村档案文化建设的山东探索

DANGAN YU XIANGCHOU：XIANGCUN DANGAN WENHUA JIANSHE DE SHANDONG TANSUO

著　　者：陈　建	
责任编辑：刘兴华	责任校对：宋　悦　乔宇佳
封面设计：中联华文	责任印制：曹　净

出版发行：光明日报出版社
地　　址：北京市西城区永安路 106 号，100050
电　　话：010-63169890（咨询），010-63131930（邮购）
传　　真：010-63131930
网　　址：http://book.gmw.cn
E - mail：gmrbcbs@gmw.cn
法律顾问：北京市兰台律师事务所龚柳方律师

印　　刷：三河市华东印刷有限公司
装　　订：三河市华东印刷有限公司

本书如有破损、缺页、装订错误，请与本社联系调换，电话：010-63131930

开　　本：170mm×240mm
字　　数：221 千字　　　　　印　　张：16
版　　次：2023 年 5 月第 1 版　　印　　次：2023 年 5 月第 1 次印刷
书　　号：ISBN 978-7-5194-7238-2
定　　价：95.00 元

版权所有　　翻印必究

序

中华文明起源与发展演进的文化基因在乡村。中国乡村历经几千年发展经久不息，孕育了中国丰富灿烂的乡土文明和传统文化。近30年来，我国格外关注"三农"问题，重视乡村物质文化遗产和非物质文化遗产的保护与开发，实施乡村振兴战略，使得广大乡村的政治、经济、文化、社会和生态文明建设水平不断提升，大量乡村尤其是列入政策保护重点的传统村落开始重新焕发生机和活力。与此同时，也应看到，我国还有大量普通乡村面临老龄化、空心化、经济停滞、文化衰退、环境污染等问题，在城镇化面前变得异常脆弱，丰富立体的乡村记忆逐渐淡出人们视野。

笔者生长于山东鲁中山区的一个普通乡村，该村没有多少丰富的村史和历史文化，根本不符合当下各级传统村落的评价标准，但这恰恰是大量山东普通乡村的一个缩影。犹记得儿时在村里，小伙伴们一起捉鱼、滑冰、压场院、晒麦子、游泳、玩泥巴、粘知了、看大戏、捉迷藏、爬山、捉蚂蚱、赶大集……如今再度回村，虽然村里道路已硬化并安装了路灯，许多村民也开上了汽车，但明显感觉村里比以前萧条了，人气和烟火气少了，虽然村民们的经济水平提升了，但精神文化水平反而下降了，一些乡村俨然成为文化和记忆的荒漠。当走出乡村的青年一代回乡探亲之时，儿时的记忆早已远去并变得模糊，只能在充满萧条和断壁残垣的乡村中扼腕叹息。这既反映了广大乡村和乡民的文化建档意识的缺失，也体现了文化和乡村治理者科学决策的缺憾，大量普通乡村可能没有那么多的传统建筑或者文物，但它们有丰富的传统礼仪、仪式、民俗、手工艺技能等非物质文化遗产，这些需要首先通过建档的形式予以抢救性保护，如果不抓紧开展，大量乡村记忆真的就集体消失了。此外，许多乡村和乡民本身就留存了大量多种载体的乡村档案，比如族谱、村志、老照片、音视频、实物档案、口述档案等，这些档案如果不及时加以采集整理和开发利用，也将随着时光的流逝变得更加分散直至遗失。所以乡村文化建档及乡村档案收集和开发利用需要引起各级政府和基层乡村的重视，这堪称最后一场乡村文化保卫战，只许成功，不许失败，留给我们重建乡村文化记忆的时间真的不多了。

本书正是基于这一严峻形势，以山东地区为例对乡村档案文化建设理论和实践开展的一项尝试性探索，希望通过对乡村档案文化建设的理论、内涵、内容、价值、模式、现状、主体、对象、环境等要素的全方面审视与反思，探索出一条乡村档案文化建设的山东道路，为山东乃至全国乡村档案文化建设提供反思和借鉴。本书认为，当前我国乡村文化建设和保护虽然取得了良好成效，但依然存在一些重要疏漏，其中之一便是忽视了乡村的档案文化建设，我们可以修复古村落，可以重建民居，可以展演非物质文化遗产，可以通过文旅融合促进乡村振兴，但这些只是乡村文化建设的外在形式，过度阐释与开发的乡村文化往往夹杂着浓浓的商业气息，让人再也无法回味旧时纯粹的乡愁和记忆的味道，而乡村档案文化建设才是重建乡村精神和灵魂的关键所在，它依靠档案的原始记录性特征，通过文字、录音、录像、照片、实物等丰富内容和载体留存乡村文化记忆的形式和内核，通过丰富立体的乡村档案开发与利用再现和传承乡村文化精神，可以让乡村文化重新焕发生机，让乡愁熠熠生辉，让乡村记忆永驻人民群众身边并世代传承。

本书结合乡村档案文化建设的山东实践以及全国优秀地区的先进经验，对山东乃至全国的乡村档案文化建设具有一定启发借鉴意义。希望更多学界和业界人士可以投身乡村档案文化建设这个学术和实践沃土中，为中国广大乡村的文化建设出谋划策，让乡村记忆成为弘扬与传承中华民族优秀传统文化的丰富源泉，为实现乡村文化振兴以及中华民族伟大复兴的中国梦提供不竭力量之源，提升中华民族文化自信，为丰富与繁荣人类多元文化贡献中国智慧！

陈建

2022年6月于山东济南

目 录
CONTENTS

第一章 导 论 ·· 1
 第一节 选题依据 ·· 1
 第二节 研究内容 ·· 16
 第三节 思路方法 ·· 19
 第四节 创新之处 ·· 20

第二章 乡村档案文化建设的理论探讨 ·································· 22
 第一节 乡村档案文化建设的宏观背景 ····························· 22
 第二节 乡村档案文化建设的理论基础 ····························· 26
 第三节 乡村档案文化建设的内涵 ··································· 30
 第四节 乡村档案文化建设的内容与范围 ·························· 32
 第五节 乡村档案文化建设的价值与功能 ·························· 36
 第六节 乡村档案文化建设的模式与原则 ·························· 40

第三章 山东乡村档案文化建设的现状评估 ··························· 47
 第一节 山东乡村档案文化建设的成绩 ····························· 47
 第二节 山东乡村档案文化建设的问题与困境 ···················· 59

第四章　山东乡村档案文化建设的主体分析 ········· 66
   第一节　提升乡村档案文化遗产保护观念和意识 ········· 66
   第二节　建立健全乡村档案文化建设的组织领导和参与机制 ······· 67

第五章　山东乡村档案文化建设的对象分析 ········· 78
   第一节　乡村档案的资源建设 ········· 78
   第二节　乡村档案的文化开发和利用 ········· 96

第六章　山东乡村档案文化建设的环境分析 ········· 109
   第一节　经济文化环境 ········· 109
   第二节　政策法规环境 ········· 114

第七章　山东乡村档案文化建设的案例探索 ········· 121
   第一节　淄博市张店区乡村档案文化建设现状与发展方向 ······· 121
   第二节　红色档案建构乡村记忆的功能与路径
         ——以临沭县朱村为例 ········· 133

结束语 ········· 143

参考文献 ········· 145

附　录 ········· 162

后　记 ········· 243

第一章 导 论

第一节 选题依据

一、海内外相关研究的学术史梳理及研究动态

党的十九大提出,从现在到 2020 年,是全面建成小康社会决胜期,要统筹推进包括文化建设在内的"五位一体"建设,坚定实施乡村振兴战略,乡村振兴就要做好中国特色新型城镇化,这不仅仅体现在经济振兴上,也体现在文化振兴上,这为我国乡村文化建设提供了前所未有的良好外部环境。档案文化是乡村文化的重要组成部分,目前大众对于乡村档案文化的需要呈现上升趋势,原因在于:对于一个村庄来说,乡村记忆与文化特色是一个乡村的"根"与"魂",是民族的血脉和人民的精神家园。但在城市化进程加快发展的过程中,大量的村庄悄无声息地消失了,与乡村相关的乡村记忆和文化也随之消失了。因此,加紧抢救正在消逝的乡村文化和记忆,留住中国人的"乡愁"已是当务之急。而加强乡村档案文化建设是保存乡村记忆、保障乡村文化可持续发展、留住"乡愁"的最有效途径,正如冯骥才先生所言:"对于生命、历史,如果你不能延续它,你一定要记录它",乡村档案文化建设正是通过档案对"乡愁"和乡村记忆进行抢救性记录和保护,已成为乡村文化建设不可或缺的组成部分和迫切

任务。本书立足山东区域特色，着力对山东乡村档案文化建设的相关理论与实践展开探讨。

(一) 中国大陆研究状况

随着全国掀起乡村文化建设的热潮，中国大陆关于乡村文化建设的研究日益成熟。在中国知网（CNKI）学术文献总库中以"乡村+文化建设"进行题名检索，共有632条记录，以"农村+文化建设"进行题名检索，共有3941条记录，可见，乡村/农村文化建设是学界的一大研究热点。具体到本研究课题，以"乡村+档案+文化""乡村+档案+记忆""农村+档案+文化"等进行题名检索得到58条记录，具体检索数据见表1-1：

表1-1 乡村档案文化研究精确检索数据

检索题名	乡村+档案+文化	农村+档案+文化	农村+建档+文化	农村+档案+记忆	乡村+档案+记忆
检索数据	18	17	4	1	18

考虑到档案学科许多研究文献与乡村档案文化建设关系密切，但并未体现到题名中，因此，笔者选取"档案学、档案事业"领域，以"乡村"或"农村"或"村落"或"村镇"进行题名检索，然后通过后期筛选得到以下文献：

表1-2 档案学科领域乡村档案文化研究模糊检索数据

数量数据库	期刊	博硕士论文	报纸	会议
检索数据	952	22	24	123
筛选数据	104	14	22	5

从乡村档案文化研究的年度走势来看，中国大陆与乡村档案文化研究有关的文章始于1993年——中共磷矿镇委员会和人民政府在《湖北档案》1993年第6期发表文章《规范档案管理为农村两个文明建设服务》，主要探讨了档案管理对于农村物质文明和精神文明建设的价值。2006年，楼炽

阳在《浙江档案》第 10 期发表《要重视新农村文化建设中的档案管理》，首次对新农村建设中文化档案的内容进行了界定，并提出必须重视与加强此类文化档案的收集整理，新农村文化建设档案逐渐引起关注。2012 年开始，乡村档案文化建设相关的研究大幅度增多，逐渐成为学界的研究热点，近三年持续高产，每年发文近 30 篇。

对乡村档案文化建设的相关文献进行梳理分析后，笔者认为中国大陆学界目前的研究进展主要体现在以下六个方面：

1. 乡村档案文化建设的现状、困境与路径研究

学界对乡村档案文化建设的困境和路径开展了大量研究，蒋国勇、易涛认为，囿于乡村经济基础、档案资源、运行模式等方面，乡村档案文化建设还缺乏"星火燎原"的条件。乡村档案文化建设需要在"理念先行、政府主导、资源建设、民间参与和市场运作"的模式下寻求突破。[①] 任越认为，我国传统村落文化建档面临信息采集阻力大、完整性较差；建档规范与标准欠缺；传统村落文化建档实施主体单一等问题。并提出提升传统村落文化保护级别，积极引导国家性政策出台；走联合建档之路，发挥相关机构的业务特长；以技术为支撑，构建传统村落文化档案群；以村落文化档案资源为基础，创建面向公众的传统村落文化展示平台等对策。[②] 李健、王运彬提出，传统村落档案管理路径应从人文引导管理向文化生态复兴转型。[③] 陈伟斌、张庆顺从乡村记忆档案文化创意产品的开发利用方面提出了针对性建议[④]，较有创新性。王云庆深入分析了传统村落建档工作的一些误区，并提出了针对性建议。[⑤]

---

① 蒋国勇，易涛. 社会认同视野下乡村档案文化建设的困境与突破 [J]. 档案学研究，2014（3）：38-41.
② 任越. 论我国传统村落文化建档的实践诉求与现实困境 [J]. 档案学研究，2018（2）：79-84.
③ 李健，王运彬. 传统村落档案管理路径转型——从人文引导管理到文化生态复兴 [J]. 浙江档案，2018（10）：13-15.
④ 陈伟斌，张庆顺. 乡村记忆档案文化创意产品的开发与利用 [J]. 北京档案，2019（11）：27-29.
⑤ 王云庆. 谈传统村落建档工作的误区及思考 [J]. 北京档案，2017（10）：11-14.

2. 乡村档案文化建设的内容研究

学界对乡村档案文化建设的具体内容也进行了较为全面地分析，研究内容包括新农村建设文化档案管理①、农村照片档案的收集②、口述历史建档③④、传统村落档案的收集整理⑤、传统村落档案数字资源库建设⑥⑦⑧、村志开发⑨等。如宋夏南对新农村文化建设档案的收集归档范围按照乡镇、行政村、文化示范户的不同进行了详细归纳和分析⑩；费小平对农村照片档案收集的紧迫性、问题、收集范围、收集方式等进行了较为详尽地分析⑪；姜克银对宁夏回族村落民俗文化档案资料整理进行了分析，认为宁夏回族村落民俗文化档案资料搜集与整理可以分为三大类：（1）以居住、饮食、服饰、生产为主的物质民俗，（2）以婚姻、丧葬礼仪为主的社会民俗，（3）精神民俗⑫；朱天梅对云南少数民族传统村落建档的具体分类进行了较为细致地阐述⑬。

---

① 楼炽阳. 要重视新农村文化建设中的档案管理[J]. 浙江档案, 2006（10）：23-24.
② 费小平. 用照片档案记录中国农村的历史变迁——浅谈农村照片档案的收集[J]. 浙江档案, 2003（5）：28-29.
③ 严旭萍. 传统村落记忆建构中口述历史建档研究[J]. 浙江档案, 2018（8）：28-30.
④ 王凯，蒋国勇. 口述史在乡村档案文化建设中的意义与作用[J]. 浙江档案, 2013（12）：25-27.
⑤ 王云庆，韩桐. 传统村落档案的收集整理[J]. 中国档案, 2014（7）：54-55.
⑥ 卢林涛. 传统村落档案数字资源库建设关键构件研究[J]. 浙江档案, 2018（9）：13-15.
⑦ 祁天娇，马林青. 历史文化村镇活态保护的新模式——基于数字资源构建的视角[J]. 档案学研究, 2018（3）：44-50.
⑧ 冯惠玲，梁继红，马林青. 台州古村落数字记忆平台建设研究——以高迁古村为例[J]. 中国档案, 2019（5）：74-75.
⑨ 李洋，曹航. 乡村档案资源开发方向嬗变：让村志登上乡村舞台——以"中国名村志文化工程"为例[J]. 北京档案, 2019（8）：24-26.
⑩ 宋夏南. 构建农村文化建设档案体系的实践和思考[J]. 中国档案, 2008（7）：21-22.
⑪ 费小平. 用照片档案记录中国农村的历史变迁——浅谈农村照片档案的收集[J]. 浙江档案, 2003（5）：28-29.
⑫ 姜克银. 宁夏回族村落民俗文化档案资料整理研究[J]. 兰台世界, 2012（11）：29-30.
⑬ 朱天梅. 云南少数民族传统村落建档保护研究[J]. 档案学研究, 2018（3）：51-55.

3. 乡村档案文化建设的宏观运行机制研究

学界对乡村档案文化建设的宏观机制研究较为成熟，研究内容涵盖了宏观架构、建设模式与主体角色等方面。具体来说，王萍构建了传统村落档案管理体系，认为其组成要素是传统村落档案资源体系、档案利用体系、档案管理保障体系[①]，她认为当下三种主要的传统村落档案建构模式为权力主控模式、精英主导模式、村民自治模式，并对传统村落档案建构模式进行了比较研究[②]；倪丽娟基于乡村振兴战略对乡村档案信息资源建设进行了宏观思考[③]；易涛从社会认同视野下对乡村档案文化建设的动力与条件进行了探讨[④]；此外，学界对档案机构[⑤][⑥]、村民[⑦]、政府、社会力量[⑧]等主体在传统村落保护中的角色、参与方式也进行了较多探讨，认为各建设主体各自存在优缺点，需要加强协作配合。

4. 乡村档案文化建设的案例介绍

学界大量文献为乡村档案文化建设案例介绍性文章。该类文章的作者主体多为乡村档案文化建设实践工作者，他们将实际开展的工作以及实践工作经验进行归纳总结，发表了大量案例介绍性文章。研究内容涵盖了村

---

① 王萍. 传统村落档案管理体系建构研究［J］. 档案学研究，2020（1）：79-86.
② 王萍，满艺. 传统村落档案建构模式比较研究［J］. 档案学研究，2017（6）：61-67.
③ 倪丽娟. 基于乡村振兴战略的乡村档案信息资源建设战略思考［J］. 档案学研究，2018（3）：39-43.
④ 易涛. 社会认同视野下乡村档案文化建设的动力与条件研究［J］. 档案学研究，2013（5）：9-12.
⑤ 王萍，卢林涛. 档案机构在传统村落档案工作中的角色再探［J］. 档案学研究，2018（6）：70-77.
⑥ 刘佳慧，王云庆. 档案部门参与我国传统村落档案工作的方式——档案部门与传统村落合作关系建构探析［J］. 档案学研究，2017（2）：57-62.
⑦ 王萍，满艺. 以村民为主体的传统村落文化建档策略研究［J］. 档案学通讯，2018（5）：73-77.
⑧ 王增强. 社会认同视野下乡村档案文化建设主体构成探析［J］. 云南档案，2017（4）：46-48，56.

级档案馆①、村史档案馆②③④、乡村记忆示范基地建设⑤⑥⑦⑧⑨⑩、"乡村记忆档案"项目建设⑪⑫⑬、古村落建档⑭⑮、乡村记忆工程建设⑯⑰等。

5. 乡村档案文化建设的多样研究视角

学界对乡村档案文化建设的研究视角较为多样，主要包括社会认同视

---

① 杨希坡，崔平，薛红. 传承红色基因 服务乡村振兴——山东省临沭县着力打造高标准村级档案馆[J]. 中国档案，2019（7）：30-31.
② 周语桐. 农村村史档案馆发展探讨[J]. 档案与建设，2012（6）：71-72.
③ 邱北海，赵明霞. 担负历史使命 守护乡村记忆——常州新丰苑社区村史档案馆创建纪实[J]. 档案与建设，2016（12）：69-71.
④ 杨杏山，杨琦，方康顺，等. 留住老百姓的乡村记忆——德清县"和美乡风馆"档案有为有位[J]. 中国档案，2012（6）：24-25.
⑤ 郑小春. 开展乡村记忆示范基地建设的若干思考[J]. 浙江档案，2015（3）：61.
⑥ 姜纪云. "互联网+"时代下创建乡村记忆示范基地的几点思考[J]. 档案学研究，2016（2）：80-82.
⑦ 丁越飞，何力迈，夏振华. 打造"乡村记忆"基地 助推农村文化礼堂[J]. 浙江档案，2014（2）：8-10.
⑧ 何力迈，祝安钧，金剑栋. 共建村民们的精神家园——绍兴县乡村记忆基地成为重要文化场所[J]. 中国档案，2012（6）：18-19.
⑨ 吴志刚. 助圆乡村"文化梦"——台州市"乡村记忆示范基地"建设综述[J]. 浙江档案，2013（7）：26-28.
⑩ 姚慧英. 合力创出一片天——天台县九遮"乡村记忆"示范基地建设侧记[J]. 浙江档案，2014（2）：22-23.
⑪ 吕永明. 以"乡村记忆档案"项目建设推动村级档案工作高质量发展[J]. 档案与建设，2019（1）：50-52.
⑫ 陈念禧. 修志问道留乡愁 主动服务振乡村——福建省莆田市"乡村记忆档案"示范项目建设综述[J]. 中国档案，2020（2）：42-43.
⑬ 谢伟春. 留存乡村记忆 强化档案有为——南京市江宁区"乡村记忆档案"项目试点工作侧记[J]. 档案与建设，2019（12）：61-62.
⑭ 吴志刚. 浙江台州：古村落建档及开发利用[J]. 中国档案，2017（7）：73-75.
⑮ 司俊贤. 荥阳古村落档案记忆保护现状及对策[J]. 档案管理，2016（5）：96.
⑯ 洪泽文，徐拥军. 乡村记忆工程建设的问题与对策——以浙江省慈溪市乡村记忆工程为例[J]. 浙江档案，2017（11）：13-17.
⑰ 以"档案元素"精心打造美丽乡村——湖州市"美丽乡村记忆工程"建设实践[J]. 浙江档案，2017（11）：32-33.

角[1][2]、记忆观视角[3]、结构化理论视角[4]、双元价值理论视角[5]、文化生态视角[6]等，如杨鹏把档案文化置于乡村文化生态的闭环中来看待，从文化生态的视角探讨档案文化建设在乡村振兴中的功能、困境和路径，探讨乡村文化生态中档案文化建设对乡村治理、乡土繁荣所能发挥的作用并提出对策。

6. 乡村档案文化建设的调研分析

学界除了关于乡村档案文化建设的宏观性研究，近年来也出现了不少结合某一地域实践调研开展的针对性研究（见表1-3），近三年来尤以硕士论文较为多见，东部、中部和西部地区均有涉及，包括浙江、黑龙江、广东、福建、云南、山西、湖北等省份，选取的调研对象从某个村到县、地级市再到省不等，研究内容包括乡村档案文化建设现状调查与对策分析、村落文化建档、村落记忆档案及其资源建设等方面。可见，在理清宏观框架之后，学界近年来开始把视角转移到某一地域，因此开展深入具体的地区调研和深度分析逐渐成为近年研究的新趋势。

---

[1] 蒋国勇. 社会认同视野下乡村档案文化建设的长效机制研究［J］. 浙江师范大学学报（社会科学版），2013（6）：103-107.

[2] 王增强. 社会认同视野下乡村档案文化建设路径探析［J］. 浙江档案，2015（2）：20-22.

[3] 刘佳慧. 记忆观视角下我国传统村落档案工作的方式与价值［J］. 档案与建设，2016（8）：29-32.

[4] 刘芮. 结构化理论视域下乡村治理的档案利用服务体系建设——以浙江德清为例［J］. 浙江档案，2019（6）：28-30.

[5] 刘佳慧. 我国传统村落档案实践与双元价值取向探析［D］. 济南：山东大学，2017.

[6] 杨鹏. 乡村振兴战略中的档案文化建设策略研究：以文化生态为视角［C］//中国档案学会. 2019年全国青年档案工作者学术论坛论文集. 北京：中国文史出版社，2019：7.

表1-3 学界关于乡村档案文化建设的部分调研性成果

序号	作者	题名	文献类型	时间	调研地域
1	蒋国勇，应小丽	社会认同视野下乡村档案文化建设的实践逻辑——基于浙江省畈田蒋村的调查分析	期刊论文	2014	浙江
2	易涛	乡村档案文化建设的现状调查与对策分析——基于艾青家乡F村的实证研究	期刊论文	2015	浙江
3	任越	传统村落文化建档问题探究——以黑龙江省少数民族传统村落为例	期刊论文	2017	黑龙江
4	周秋萍	我国传统村落文化建档式保护研究——以广东省佛山村落为例	期刊论文	2017	广东
5	陈洁	福清市"乡村记忆档案"建设研究	硕士论文	2017	福建
6	赵丽	乡村记忆工程视角下城子古村建档研究	硕士论文	2017	云南
7	段小凤	乡村记忆视角下农村档案资源建设研究——以山西省沁县为例	硕士论文	2018	山西
8	徐娇	记忆工程视域下湖北省传统村落建档策略研究	硕士论文	2018	湖北
9	高晗	吕梁市李家山传统村落建档式保护调研分析	硕士论文	2019	山西

综上，目前中国大陆对乡村档案文化建设的研究涵盖的领域较为广泛，并且取得了大量成果，但也存在一些值得重视的问题和不足。笔者认为主要体现在以下五个方面：第一，理论性粗线条研究多，细致性操作性研究少。许多研究处于问题的浅表和基础层次，没有进行深入挖掘，导致大量研究存在低水平重复的问题。第二，宏观性研究多，地域性研究少。学界基于某一地域乡村档案文化建设的样本研究在近几年逐渐增多，但总体来说仍然不足，急需更多学者的加入以及对更多区域的关注。第三，介绍性研究多，深入性思考少。业界的许多研究成果更像是工作总结和报

告，学理性分析和思考不足。第四，定性分析方法多，定量及实证方法运用少。学界总体研究方法依然是定性分析，定量分析方法运用较少，案例分析和实证研究缺乏。第五，档案学科理论研究多，公共管理、社会学等跨学科理论研究少。虽然学界开始关注记忆理论，但总体来说依然局限于档案学科领域，对公共管理学、社会学、文化理论、数字人文等其他学科的理论关注不足。

总之，我国大陆乡村档案文化建设研究虽然成果丰硕，但处于整体性综合研究阶段和浅表性层次，接下来的研究应向深水区迈进，这也意味着更大的研究难度和挑战。本书将在充分借鉴和吸收前人研究成果的基础上，以克服上述研究不足为努力方向，选取笔者所在的山东省作为研究样本，对山东省乡村档案文化建设的理论和实践问题进行重点关注，力求对乡村档案文化建设的价值、特点、理论基础、开展模式、长效机制、法规标准、资源建设和开发利用等问题进行深入分析和探讨，为学界和业界关于该问题的探讨和实践提供更多启发和借鉴。

（二）境外研究状况

笔者以"Village/Countryside/Rural/Country"+"Record/Archives"为检索词在 Web of Science、Taylor & Francis、Springer Link、ProQuest 等数据库进行题名检索得到检索数据 1075 条，剔除无关数据，最终得到与乡村档案文化建设密切相关的有效数据 18 条，详见表 1-4：

表 1-4 境外学界关于乡村档案文化建设研究的检索数据表

外文数据库 \ 检索题名 \ 检索结果	Village+Record/Archives 检索数	有效数	Countryside+Record/Archives 检索数	有效数	Rural+Record/Archives 检索数	有效数	Country+Archives 检索数	有效数
Web of Science	96	8	15	0	237	3	96	0
Taylor & Francis 期刊数据库	9	1	4	1	24	1	68	1

续表

检索结果 外文数据库 \ 检索题名	Village+Record/Archives		Countryside+Record/Archives		Rural+Record/Archives		Country+Archives	
	检索数	有效数	检索数	有效数	检索数	有效数	检索数	有效数
Springer Link电子期刊及电子图书	0	0	0	0	1	0	0	0
ProQuest学位论文全文数据库	1	0	0	0	6	0	0	0
ProQuest数据库平台	169	1	6	1	226	1	117	0

通过文献分析可知，境外对于乡村档案文化建设的主题也有关注，主要研究内容表现为以下三个方面：

1. 关于乡村档案文化作用的认识

境外对于乡村档案文化作用的认识还是较为深入和多样的。朱莉安娜·索拉·马格努斯德（Júlíana þóra Magnúsdóttir）提出，乡村民俗档案可用于重建早期妇女的口头传统，从而参与冰岛妇女叙事传统重建，体现了乡村档案对于弱势群体的特有作用[1]；马拉古·阿夫罗迪蒂（Maragkou Afroditi）认为，乡村档案能够绘制和解释塞萨利乡村的建筑和社会历史[2]；大卫·E.比尔（David E. Beel）等人认为，以苏格兰乡村为中心的社区历史和数字档案制作可以改变社区遗产生产的地理位置[3]；瑞格·乔恩（Rieger Jon）概述了可以收集的家庭档案的种类，以及如何利用这些材料来重建一个地方的变化，认为作为社区档案的家庭档案是社会变迁的

---

[1] MAGNÚSDÓTTIR J þ. Gender, Legend, and the Icelandic Countryside in the Long Nineteenth Century: Re-Engaging the Archives as a Means of Giving Voice to the Women of the Past [J]. Folklore, 2018, 129: 129-147.

[2] MARAGKOU A. Rurality, Ruins and Archives: Mapping the architectural history of the Greek countryside [J]. SHS Web of Conferences, 2019, 63: 8.

[3] BEEL D E, WALLACE C D, WEBSTER G, et al. The Geographies of Community History Digital Archives in Rural Scotland [J]. Scottish Geographical Journal, 2015, 131 (3-4): 201-211.

见证物,可以重构农村小社区的社会变迁①。

2. 乡村档案文化建设的现状、项目及实施研究

境外关于乡村档案文化建设已开展了不少探索和尝试,比如,李正熙(이정희)探讨了韩国庆南省三昌当业村的历史档案及其保管现状,提出应将其捐赠给专业的研究中心,以便全国研究人员查阅传统档案和深入研究当业村历史,此外还提出古档案可以与村里的各种人文信息相结合,从而发展为多样的公共内容②;中国台湾的高平社区协会(档案部门)、台湾艺术大学与光明创意设计有限公司合作,建立"宋江阵"(一种群众性武术操)数字化知识库,以数位资料保存与传播"宋江阵"③;金·伊罕(Kim Ik-han)认为村级档案工作是乡村社区重建运动的一种手段,农村档案工作的主体不仅仅是档案工作者,村庄、社区、档案工作者和普通人都应参与到乡村档案工作中来,走出精英化的模式④。此外,境外还开展了一些关于乡村档案文化建设的项目,较为多样生动。例如,2008年,韩国国家档案馆为保护珍贵的民间档案遗产,增强档案文化意识,启动了"归档村落"(Archive Village)项目,纳入归档的村落指的是为公民提供展示和利用档案信息的机会、为扩大档案文化基础做出贡献的村庄,韩国国家档案馆每年指定一个"归档村落",截至2014年,已有7个村落被列入保护和支持名录,支持措施大致包括民间档案挖掘、村内展示馆及保护设施建设、档案复制、影像宣传制作、保护管理及咨询支持(如档案消毒、脱

---

① RIEGER J H. Living Witnesses to Social Change and Family Documents as Community Archive Reconstructing Social Change in a Small Rural Community [J]. Qualitative Inquiry, 2014, 20 (5): 607-620.

② Lee Jeong-hee. A Study on the Current Status of Ancient Archives in Dangye village of Gyeongnam Province [J]. Research on Nanming Studies, 2015, 48: 69-120.

③ 谢颢丞,刘荣聪,高志诚. 台湾民俗武阵之数字典藏——宋江阵之体育数字文化 [C] //Intelligent Information Technology Application Association. Proceedings of the 2011 Second International Conference on Education and sports Education. Hong Kong: ETP-Engineering Technology Press, 2011: 172-175.

④ Ik-han K. An Experimental Study on the archiving of a village [J]. The Korean Journal of Archival Studies, 2010, 26: 151-172.

氧、复制、复原、档案材质保护、档案盒制作咨询等）、揭牌揭幕仪式和纪念活动等[1]；英国的"古玩"项目（CURIOS, Cultural Repositories and Information Systems）在苏格兰农村开展了两个案例研究，探索社区活动和数字档案如何支持公众对当地遗产的兴趣，以及如何帮助发展更具弹性的社区[2]；美国北卡罗来纳大学格林斯博罗分校（UNCG）公共历史项目主任本杰明·菲林博士指导发起了一个记忆地图项目"Memory Map"，学生们携带一张6×7英尺（1.82m×2.13m）的格林斯博罗东北部的地图，通过在纸上直接标记活动地点的方式，邀请所有现在和以前的居民分享记录磨坊村的记忆，收集到的采访资料将在格林斯博罗历史博物馆和北卡罗来纳大学格林斯博罗分校大学档案馆存档，研究将转化为社区旅游，帮助目前的居民了解磨坊村的历史[3]等。

3. 数字技术在乡村档案文化建设中的应用研究

信息社会新技术不断涌现，境外也积极将新技术应用到乡村保护和档案文化建设中来。比如托马索·斯布里科利（Tommaso Sbriccoli）探讨了新数字技术（图像制作与档案存取）在视觉回归、再理性化、解释和制作过程中所扮演的角色，希望通过与村民合作，以参与性的方式创造新的图像，将图像视为观察和交流的真实领域，并通过更全面地理解历史、个人和集体轨迹的叙述，来振兴乡村视觉档案[4]；波佩尔卡（Popelka）和德德科娃（Dedkova）创建了一个灭绝村庄的三维可视化模型，并使用眼睛跟

---

[1] OH Y J, HAN H J, YUK H I, et al. A Study on the Current Status of an Archive Village Project and Its Improvement Plan: The Case of I County [J]. Journal of Korean Society of Archives and Records Management, 2015, 15（2）：7-30.

[2] BEEL D E, WALLACE C D, WEBSTER G, et al. Cultural resilience: The production of rural community heritage, digital archives and the role of volunteers [J]. Journal of Rural Studies, 2017, 54（5）：459-468.

[3] Project to Record History of Greensboro's Cone Mill Villages [N]. US Fed News Service, 2009-02-20.

[4] SBRICCOLI T. Between the archive and the village: the lives of photographs in time and space [J]. Visual Studies, 2016, 31：295-309.

踪技术对其进行评估①；佐藤（Sato）和苏帕斯里（Suppasri）等人以日本宫城县那曲市育良村"佐桑厂"为例，探讨了对灾难遗存进行数字存档的方法，包括三维建筑物建模、海啸数值模拟和通过访谈调查记录海啸疏散行为，认为灾难遗存的归档在希望保存灾难废墟的人（建筑所有者）和希望销毁它们的人（地方政府）之间提供了一种折中方案②；惠仁玉（Hye-In Yuk）等人针对韩国"归档村落"（Archive Village）项目实施中面临的"人力资源与成本""制度建设负担"等问题，提出利用记录管理公开软件——AtoM（access to memory）来运作档案管理系统的设想③。

综上分析可知，目前境外关于乡村档案文化建设已开展了不少实践并取得了一定研究成果，这对于我国大陆以及区域性乡村档案文化建设有重要参考与借鉴价值。但总体来看，由于一些西方发达国家的城市和乡村区分不明显，且其更多关注社区和社群团体，目前"尚未形成专门针对乡村记忆开展的研究热潮"④，关于乡村档案文化建设的研究总体偏冷。

二、本书相对于已有研究的独到学术价值和应用价值

（一）学术价值

1. 有利于丰富并深化档案学基础理论

乡村档案文化建设充分利用档案具有原始记录性这一重大优势，将乡村记忆和文化这些无形财富转化为有形载体，是对档案学科两大核心理论

---

① POPELKA S, DEDKOVA P. Extinct Village 3D visualization and its Evaluation with Eye-Movement Recording [C] //International Conference on Computational Science and Its Applications, Berlin: Springer, 2014: 786-795.
② SATO S, SUPPASRI A, BORET S P, et al. Archiving Disaster Remains: The Case of "Sasanao Factory" in Yuriage Village, Natori City, Miyagi Prefecture, Banda Aceh [C] // IOP Conference Series: Earth and Environment Science.
③ YUK H I, KIM Y, JANG J K. A Study on the Methods to Manage Private Records Utilizing AtoM (Access to Memory): Focused on 'Archive Village' [J]. Journal of the Korean Biblia Society for Library and Information Science, 2015, 26 (2): 79-105.
④ 李玉珂. 档案学视角下乡村记忆建构研究 [D]. 南京：南京大学，2018：7.

的有效实践,一方面它丰富了档案学科来源原则的理论体系,注重对乡村文化和记忆按照来源进行全方位保护,包括对乡村历史、乡民、乡风乡俗、乡土地理等进行全方位记录,是对来源原则和全宗理论的极大丰富与完善;另一方面,它丰富了档案学科的文件生命周期理论,注重对乡村文化和记忆进行动态全生命周期的记录和保护,将乡村文化和记忆的活态传承特征予以充分肯定和强化,大大丰富了档案学科基础理论的内涵和外延。

2. 有利于完善和提升档案学应用理论与实践

乡村档案文化建设涉及乡村档案文化基本概念的界定、乡村档案管理和开发利用理论、乡村档案数字化和信息化理论等,这是对现有档案学科应用理论的极大丰富和发展,它丰富了档案学的学科体系,推动了档案学科研究方法的创新,壮大了档案学科在文化研究领域的影响力,提升了档案学科在无形文化遗产管理学中的学科地位。

3. 有利于创新乡村文化保护与传承理论

乡村记忆和文化的档案式保护与传承创新性地融合了档案学核心理论,促使传统保护理论革新与突破。乡村文化建设和记忆抢救并非一朝一夕之功,需要社会各部门的有效配合和互动,乡村文化建设和记忆构建的前提和基础在于对现存乡村文化和记忆进行抢救性挖掘,而乡村档案文化建设是关键性措施之一,它将乡村文化和记忆的非物质性转化为物质性并加以保存利用,是保护乡村文化和记忆的重要一步,同时也为乡村文化和记忆的传承与创新奠定了良好的信息基础,是乡村文化建设理论和实践的重要创新。

4. 有利于拓展乡村历史和文化研究的范围

乡村档案文化建设是一项重要的基础性文化工作,它有利于推进乡村历史文化的研究与传承,对于研究乡土历史和区域文化具有重要学术参考价值。

(二) 应用价值

1. 政治价值

有利于践行党的十九大有关"坚定文化自信,推动社会主义文化繁荣兴盛"的精神。山东省既是农业大省,也是文化资源强省,乡村文化建设是践行党中央关于文化自信的重要举措。在具体研究过程中,笔者以山东乡村档案文化建设为研究对象,以振兴山东乡村文化、树立山东乡村文化自信为目标,通过对山东区域内的档案文化建设进行理论与实践探讨,助力山东乡村文化建设,为实现文化强省进而推进中华民族的文化自信贡献力量。

2. 文化价值

有利于保护和传承山东乡村文化和记忆,留住"乡愁"。随着山东省城乡发展加快推进,古村落的数量锐减,一些乡村的村容风貌、风俗古迹和传统文化正渐渐消失。因此,保存乡土文化和乡民记忆已经处于最紧迫、最关键的历史时期。乡村档案是记录各种乡愁和文化的记忆载体,乡村档案文化建设是农村文化建设的基础,是推动美丽乡村建设的点睛之笔。加强山东乡村档案文化建设,有利于保存山东乡村记忆,为村民留下美丽"乡愁",为国家留下时代记忆,增强民族认同感,促进社会文化的可持续发展,从文化传承上留住乡村的"魂",让乡村建设富有文化内涵,把"农村建设得更像农村",让美丽乡村更加"美丽"。

3. 经济价值

有利于解决"三农"问题。山东乡村档案文化建设有利于增强山东乡村的文化吸引力,这种文化吸引力最终也会转化为经济和社会等方面的综合吸引力,它可以促进乡村农业、旅游业、服务业、文化产业等多行业的繁荣和兴盛,吸引更多人回乡创业,提升农村综合发展水平,增加农民收入,助力美丽乡村建设。

第二节 研究内容

一、研究对象

本书立足山东区域特色,以乡村文化建设为出发点,以乡村档案文化建设为关注点,以山东省乡村档案文化建设的相关理论与应用实践为主要研究对象,坚持理论联系实际,探索乡村档案文化建设的山东道路。

二、总体框架

本书具体研究内容有以下六个方面:

(一)乡村档案文化建设的理论探讨

采用跨学科研究方法,综合运用文化遗产学、档案学、社会学、法学、公共管理学、历史学等多学科方法,对山东乡村档案文化建设的研究背景、理论基础、内涵与外延、内容与范围、价值与功能、模式与原则等问题开展探讨,力求为乡村档案文化建设实践提供科学的理论支撑。

(二)山东乡村档案文化建设的现状评估

立足山东,对山东乡村档案文化建设的地域特色、取得的成绩、面临的问题与困境等开展全面系统的调研,力求全面掌握山东区域乡村档案文化建设的特色与现状,找出存在的问题,为理论联系实际、提出更具有针对性和可操作性的对策奠定良好基础。

(三)山东乡村档案文化建设的主体分析

从建设主体视角提出应提升乡村档案文化遗产保护主体的观念和意识,同时建立健全乡村档案文化建设的组织领导和参与机制,全面细致分析了乡村档案文化建设的领导方和参与方以及各参与主体之间的角色关系。

(四)山东乡村档案文化建设的对象分析

从建设客体的视角探讨了乡村档案的资源建设以及乡村档案的文化开发和利用两大领域。运用专门档案管理学的最新理论与先进经验对山东乡村档案资源建设与管理方法（如收集、整理、鉴定、保管、信息化等）、山东乡村档案的开发利用方法（如展览、编研、产业开发等）进行细致探索，以期为山东乡村档案文化建设提供微观业务保障。

(五)山东乡村档案文化建设的环境分析

综合借鉴法学、公共管理学等理论，对山东乡村档案文化建设的经济文化环境、政策法规环境等环境要素进行细致探讨，以期为山东乡村档案文化建设提供宏观管理保障，建立山东乡村档案文化建设的长效机制。

(六)山东乡村档案文化建设的案例探索

选取淄博市张店区和临沂市临沭县朱村作为乡村档案文化建设典型案例进行细化分析，通过典型案例特写的形式为山东乡村档案文化建设实践提供可资借鉴的样本。

本书的总体逻辑框架如图1-1：

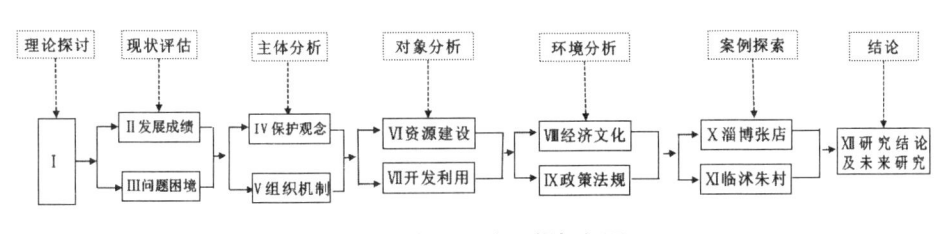

图1-1 课题研究逻辑框架图

三、重点难点

(一)重点

1. 山东乡村档案文化建设的长效机制研究。山东省乡村档案文化资源较为丰富，种类繁多，保护与开发水平参差不齐，情况极为复杂，乡村档案文化建设任务复杂而艰巨。因此，从建设主体、对象与环境方面探寻建立全省乡村档案文化建设长效机制成为本书的重点研究领域。

2. 山东乡村档案文化建设、管理与开发利用方法研究。本书将按照档案管理的相关理论、流程与方法对山东乡村档案文化的专业管理与开发进行探索，力图为原汁原味地保存与再现山东乡村文化记忆提供理论指导。

3. 山东乡村档案文化的数字化管理与开发研究。如何顺应时代发展建设山东省乡村数字档案文化资源库，构建乡村档案文化资源数字化分类标准规范和检索技术体系，利用虚拟现实和可视化展示技术再现乡村文化和记忆，利用新媒体技术传播乡村文化和记忆是本书的又一重点。

（二）难点

1. 名词"乡村档案文化"基本内涵与外延理论研究。乡村档案种类繁多，形态各样，如何从理论层面严谨论证乡村档案、乡村档案文化、乡村档案记忆、乡村档案文化建设的关系以及科学确定乡村档案文化建设的内容和范围成为研究难点。

2. 如何理顺档案部门与乡村档案文化建设其他力量之间的关系、如何协调各方力量形成建设合力成为本书另一攻坚点。

四、主要目标

本书将以国内外乡村档案文化建设的最新理论和实践经验为指导，以山东乡村档案文化建设实际为支撑，立足山东区域特色，提出更加符合山东省情的乡村档案文化建设规范化策略，构建山东乡村档案文化建设的长效机制，着力打造具有山东地区文化特色的乡村档案文化建设的可行模式，用档案留住齐鲁"乡愁"。

第三节 思路方法

一、基本思路

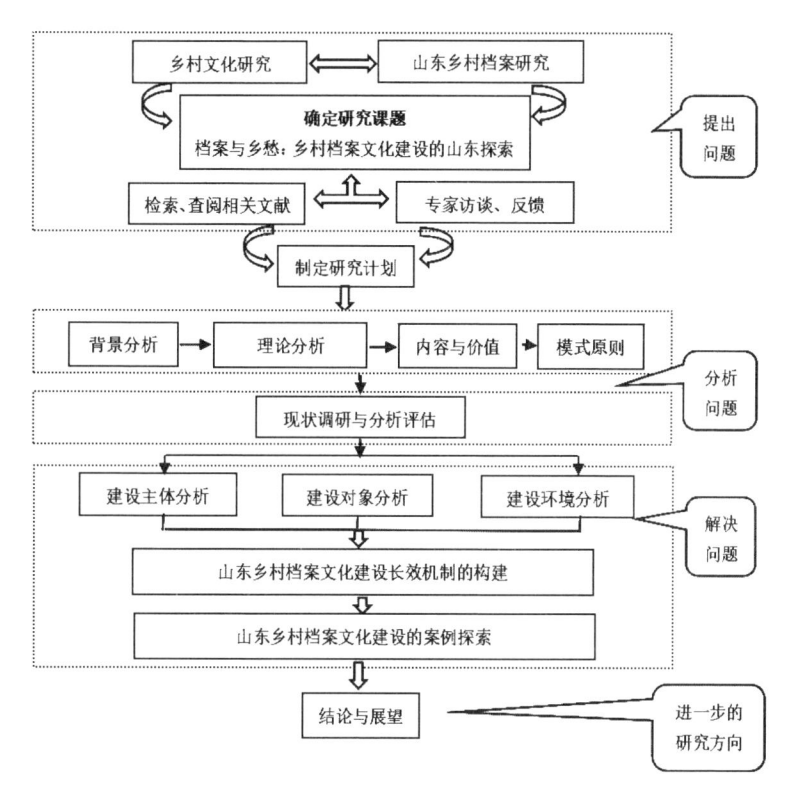

图 1-2 本书研究的基本思路

二、具体研究方法

（一）文献分析法。对有关乡村文化建设、档案文化建设、乡村档案文化建设、山东乡村文化建设等领域的中外文献进行系统搜集、整理和总结分析，为本书研究提供充分的理论和经验指导。

（二）调查研究法。采用案例分析、问卷调查、实地调研访谈等方法，重点调研山东乡村档案文化建设的典型案例，分析乡村档案文化建设的主体、内容范围、类型特点、模式原则等内容。

（三）比较研究法。采用跨学科比较、中外比较、跨行业比较等方法对山东乡村档案文化建设进行综合分析，提高文化建设理论与实践的学科适用性和实践操作性。

（四）系统分析法。把乡村档案文化建设作为一个有机系统，将乡村档案文化建设的宏观管理与微观管理结合起来，将乡村档案文化资源建设、乡村档案文化资源管理与乡村档案文化资源的开发利用结合起来，并且注重与整个乡村文化系统实行有效对接，整体把握，综合考量，从而全面系统地开展乡村档案文化建设。

第四节 创新之处

一、新视角

首次从档案视角探讨山东乡村文化建设问题，综合运用档案学科的原始记录思想、族群认同思想、乡村记忆理论等思想和理念创新乡村文化建设的理论和实践，既丰富了档案学理论体系，同时也有利于提升乡村文化建设的内涵与发展动力。

二、新观点

（一）乡村文化和记忆重建是乡村文化建设的重要内容，乡村档案文化建设是重建山东乡村记忆、体现山东乡村文化传承、保护山东乡村文化特色和原有文脉、留住美丽乡愁的重要举措，是档案学界和业界新的理论和实践创新点。

（二）乡村文化和记忆需要通过档案的方式来重现，档案力量有了展示的平台。这种档案力量来源于乡民的现实渴求、档案方式的社会认同以及档案信息的广博和生动。

（三）山东乡村档案文化建设一定要符合山东乡村实际，从形象到本质的打造都要兼顾乡村文化的可持续发展，要遵循乡村自身发展规律和建档规范，充分体现山东乡村特点，保留最原汁原味的山东乡土味道和风貌，做到既留得住青山绿水，又记得住乡愁。

第二章　乡村档案文化建设的理论探讨

第一节　乡村档案文化建设的宏观背景

一、乡村振兴战略的实施

新中国成立初期，我国经济基础较为薄弱，再加上经济发展长期推行农业反哺工业战略，导致农业发展速度缓慢，农村生产力水平低下，城乡差距较大，这成为制约国民经济健康快速发展的重要障碍。为尽快实现全面建成小康社会的奋斗目标，近些年来，党中央、国务院持续重视"三农"问题，出台和实施了一系列惠农方针政策，"三农"问题得到了一定程度的改善。进入新时代，党的十九大明确提出实施乡村振兴战略，更是把解决"三农"问题提升到了前所未有的高度，认为"农业农村农民问题是关系国计民生的根本性问题，必须始终把解决好'三农'问题作为全党工作重中之重"。[①] 乡村振兴是包括政治、经济、文化、社会、生态各要素在内的全面振兴，是全面建设小康社会的必然选择和必由之路，2021年通过的《中华人民共和国乡村振兴促进法》将"文化繁荣"作为专章进行阐述，其中第三十二条规定，各级人民政府应当采取措施保护农业文化遗

[①] 汪晓东，李翔，刘书文. 谱写农业农村改革发展新的华彩乐章——习近平总书记关于"三农"工作重要论述综述［N］. 人民日报，2021-09-23（1）.

产和非物质文化遗产，挖掘优秀农业文化深厚内涵，弘扬红色文化，传承和发展优秀传统文化。乡村档案本身就属于农业文化遗产的一种，农业文化遗产和非物质文化遗产也都需要通过档案来进行抢救性记录和保护，这均为乡村档案文化建设提供了良好政策背景和契机。乡村档案文化建设与乡村振兴战略是相辅相成、相互促进的。一方面，乡村档案具有重要的凭证价值和工具价值，是乡村政治、经济、文化、社会与生态文明建设各项工作的重要信息载体和实施工具，是促进乡村振兴的基础性信息资源，乡村档案工作也是国家基层治理工作的重要组成部分，乡村档案文化建设既是乡村档案工作的组成部分，又是乡村文化建设的重要组成部分，可以为乡村文化建设提供更加真实、可靠、权威、准确的信息支撑，有利于促进实现乡村振兴战略中提出的产业兴旺、生态宜居、乡风文明、治理有效、推进农业农村现代化等要求，同时可以促进农民就业创业，拓宽增收渠道。另一方面，乡村振兴是乡村五位一体的全面发展和振兴，又可以反过来为乡村档案文化建设提供强有力的制度和资源支撑，进一步提升乡村档案文化建设的动力、质量和层次。

二、乡村传统文化和记忆的加快流失

梁漱溟认为："原来中国社会是以乡村为基础和主体的；所有的文化，多半是从乡村而来，又为乡村而设——法制、礼俗、工商业莫不如是。"[①]乡村文化是中华文明和传统文化的根，习近平提出要"让城市留住记忆，让人们记住乡愁"，"乡愁是什么意思呢？就是你离开了这个地方会想念这个地方"[②]，乡村记忆和乡愁是无数人魂牵梦萦的眷恋和对故土情感的寄托。但改革开放以来，尤其是进入 21 世纪以来，中国经济社会经历了剧烈变革和高速发展，乡村数量骤减，中国文联副主席冯骥才教授指出，

---

① 梁漱溟. 乡村建设理论［M］. 上海：上海人民出版社，2006：10.
② 金佳绪. 让城市留住记忆，让人们记住乡愁［EB/OL］. 新华网，2019-12-24.

2000年到2010年的十年时间，中国消失了90万个自然村①。2019年，中国常住人口城镇化率首次超过60%；2021年，第七次全国人口普查主要数据显示，居住在城镇的人口为90 199万人，占63.89%，居住在乡村的人口为50 979万人，占36.11%。伴随着工业化、城镇化和现代化速度的加快，加上工业园区建设、新农村建设、撤乡、合村、并居等政策的推行，中国传统的农村社会生态和历史文化风貌面临着剧烈的冲击和重塑，传统生活方式被打破，许多古民居、古建筑、传统街区以及珍贵档案文献等物质文化遗产和传统技艺、民俗等非物质文化遗产遭到毁弃，传统文化和记忆消失加快。因此，抢救和保护乡村文化遗产成为摆在政府和公众面前的紧迫任务。

三、乡村文化遗产保护热潮的兴起及问题

面对乡村文化遗产保护和传承的紧迫形势，我国政府和社会各方力量积极行动起来，政府连续出台大量保护乡村文化遗产的政策和法律法规性文件，例如《历史文化名城名镇名村保护条例》（国务院令〔2008〕第524号）、《中华人民共和国非物质文化遗产法》（2011）、《关于加强传统村落保护发展工作的指导意见》（建村〔2012〕184号）、《关于做好2013年中国传统村落保护发展工作的通知》（建村〔2013〕102号）、《传统村落保护发展规划编制基本要求（试行）》（建村〔2013〕130号）、《关于切实加强中国传统村落保护的指导意见》（建村〔2014〕61号）、《关于做好2015年中国传统村落保护工作的通知》（建村〔2015〕91号）、《美丽乡村建设指南》（GB/T 32000-2015）等。自2012年开始，住房和城乡建设部已会同有关部门先后公布了7批共487个国家级历史文化名村和5批共计6819个中国传统村落，并且形成了从国家到省、市、县四级联动保护体系，"传统村落的文化遗产得到基本保护，生产生活条件得到基本改

---

① 冯骥才. 保护传统村落是"惊天"行动［J］. 新城乡，2014（9）：32.

善、保护管理机制基本建立、具备基本的安全防灾能力"①，传统村落整体上走出困境，其"内在文化资源正在向'文化资本'和'文化红利'转化"②。

虽然我国传统村落文化遗产保护取得了很大成绩，但传统村落只占我国乡村的极少数，我国还有大量非传统村落，非传统村落并不意味着没有传统文化，也不意味着没有文化遗产可以保护，相反更多更大量的乡村传统文化和文化遗产散落在大量非传统村落中，但这部分村落并未得到应有重视和有效保护，大量文化遗产依然面临毁坏、流失和消亡的风险。例如，有的地方打着保护乡村文化遗产的幌子，拆旧建新，对文化遗产进行破坏性建设；有的地方对乡村文化遗产进行过度开发，造成更大的文化和生态破坏；有的地方伴随非物质文化遗产传承人的去世，许多优秀的非物质文化遗产面临后继无人的局面；有的地方只注重乡村的外在建筑的保护，忽视了对乡村文化的灵魂与文化生态的整体和活态保护，让人无法原汁原味地领略乡村记忆的魅力和浓浓乡愁……此外，值得指出的是，传统的乡村文化保护理念更多关注的是乡村传统建筑、乡村非物质文化遗产等元素，而忽视了以乡村公务文件、族谱、村志、乡土文献、照片、音像等为代表的乡村档案材料的收集、保护和开发，它们也是乡村文化和记忆的重要组成部分，而且其原始性和凭证性价值更能体现乡村文化记忆的灵魂和发展脉络。对此问题，中国民间文艺家协会名誉主席冯骥才也有阐述，他认为："传统村落的精神遗产不仅包括各类'非遗'，还有大量独特的历史记忆、宗族传衍、俚语方言、乡约乡规、生产方式等，它们作为一种独特的精神文化内涵，因村落的存在而存在，并使村落传统厚重鲜活，也是村落中各种非遗不能脱离的'生命土壤'"③。此处冯骥才提到的精神遗

---

① 李黔渝. 住建部：我国传统村落将进入复苏期［EB/OL］. 新华网, 2017-11-26.
② 李晓, 王斯敏, 成亚倩, 等. 保护传统村落，守护乡土文化之根［N］. 光明日报, 2019-7-9 (7).
③ 邱玥. 守护传统村落 传承文化根脉［N］. 光明日报, 2019-10-6 (5).

产的主体大多指向了村史、村志、族谱、口述档案、回忆录等乡村档案。但在乡村文化遗产保护的大潮中，乡村档案的文化价值并没有得到应有的重视，乡村档案文化建设工作依然滞后。

第二节　乡村档案文化建设的理论基础

一、系统论之整体性原理

系统理论最早由美籍理论生物学家 L. V. 贝塔朗菲（L. Von. Bertalanffy）于1932年创立，是研究系统的一般模式、结构和规律的理论，其基本特征和思想观点包括整体性、关联性、等级结构性、动态平衡性、时序性等，其中，整体性原理是系统理论的首要原理。整体性原理是指系统是由若干要素组成的具有新功能的有机整体，应始终基于整体把握系统的各部分之间、整体与部分之间、系统与环境之间的相互联系，整体具有独立要素不具有的性质和功能，整体功能不等于各个要素功能的简单加和。

系统论之整体性原理对于乡村文化遗产保护具有重要理论指导意义。坚持整体性保护理念已经成为学界保护乡村文化遗产的基本共识，"传统村落的保护，不能囿于传统村落的建筑保护，不仅要保护外在'筋骨肉'，更要传承好内在的'精气神'"[①]。之所以要加强对乡村文化遗产的整体性保护，是因为乡村的文化遗产内容丰富，保护要素多样（具体见表2-1），既包括传统建筑、街道、乡村档案、珍贵文物等物质文化遗产，又包括传统技艺、传统仪式等非物质文化遗产，而且各个遗产要素之间以及遗产与赖以生存的文化和自然环境之间也是相互关联，相辅相成的，脱离文化遗产及其环境整体进行的单要素保护都是见树不见林的狭隘保护行为，无法真正实现乡村文化遗产的活态保护与有效传承。具体到乡村档案文化建设而言，同样也要坚持整体性保护理念，既要注重乡村公务文书、家

---

① 何珂. 传统古村落的"旧"与"新"[EB/OL]. 安徽新华网，2019-12-2.

谱、村志、口述档案、照片、音像等直接档案文献的收集、整理与保护，同时也要保护乡村档案赖以生存和发展的传统文化生态和自然空间。

表 2-1　乡村文化遗产整体性保护要素一览表

序号	保护要素	具体内容	
1	遗产主体	原住民、非遗传承人等。	
2	乡村物质文化遗产	乡村文物	传统建筑、传统街道、传统农具、老物件等。
		乡村档案	乡村文书、家谱、村志、老照片、口述档案、音像资料等。
3	乡村非物质文化遗产	（1）传统口头文学以及作为其载体的语言；（2）传统美术、书法、音乐、舞蹈、戏剧、曲艺和杂技；（3）传统技艺、医药和历法；（4）传统礼仪、节庆等民俗；（5）传统体育和游艺；（6）其他非物质文化遗产。	
4	自然与人文空间	自然空间	山川、水系、森林等。
		人文空间	道路交通、精神信仰、特色产业、风俗习惯、伦理传统等。

二、来源原则

来源原则（Principle of Provenance），即在档案管理中按照档案来源进行整理和分类，要求遵循同一来源的档案不可分散、不同来源的档案不得混淆的整理原则，其最早起源于 19 世纪 40 年代法国的尊重全宗原则，经过近 200 年的发展，该理论基本成熟，其基本内容包括：第一，尊重来源，即按来源标准区分全宗和整理档案，保持档案与其形成者之间来源联系；第二，尊重全宗完整性，同一个全宗档案不可分散，不同全宗档案不得混淆；第三，尊重全宗内原始整理体系，不宜轻易打乱重整。来源原则有力维护和保持了档案本质属性，成为档案整理与分类中的核心理论和至善原则。乡村档案是档案的一个重要特色门类，在乡村档案管理和开发利用过程中也必然要遵循来源原则。具体到乡村档案文化建设来说，每一个乡村在乡村治理和生产生活中形成的档案有机整体都是一个独立全宗，乡村档案文化建设中如何确定档案全宗、全宗可以有哪些具体构成、全宗内的档案文件如何整理分类等系列问题都需要以来源原则为指导来开展工作，如此才能真正科学合理地整理好乡村档案，为乡村档案文化建设打下良好基础。

三、过程管理理论

过程管理是现代组织管理学中的一个基本概念，是现代企业管理制度框架下管理模式的创新，它指的是使用一组实践方法、技术和工具系统来设计、实施、控制和优化组织中过程形态的有效性，其理论基础是以系统论、控制论和信息论为主导的现代系统理论，核心理念是以过程中的细节最优化来实现最终成果整体价值最大化和质量最优化。过程管理理论主要涵盖两大方面：一是纵向的全部过程管理，从输入到输出所有的子过程都应该在过程管理的视域内；二是横向的全部因素管理，即对任一过程的诸多因素（包括各种管理方法与手段、组织事项、参与者等）进行控制。全部过程与全部因素是基于质量保障而彼此嵌入、相辅相成的统一体。过程管理以"过程"作为全新的认识工具和分析框架来重新看待组织的管理运营，主要应用领域是现代科学勃兴基础上的现代组织，主要应用内容是组织内部的项目运营管理。过程管理理论充分汲取了全面质量管理的理论精髓，相较于注重结果的静态分析和既定事实的目标管理，过程管理更加具有动态与可控性。

过程管理理论对于乡村档案文化建设同样具有重要的理论指导和借鉴意义。乡村档案文化建设中需要对作为文化建设客体的档案资源按照档案管理和开发利用程序进行系统分析和梳理，同时还需要对乡村档案管理系统中涉及的主体、客体以及环境要素及其子要素进行重新分析和整合，从而实现乡村档案文化建设的全部过程管理和全部因素管理的有机结合和相互促进，共同推动乡村档案文化建设的有效实施和开展。

四、社会记忆理论

学界对社会记忆理论的探索始于20世纪80年代，代表性人物包括法国学者莫里斯·哈布瓦赫（Maurice Habwach）和美国学者保罗·康纳顿（Paul Connatton），哈布瓦赫最早提出了"集体记忆"的概念，认为集体记忆指的是"一个特定社会群体之成员共享往事的过程和结果，保证集体记忆传承的条件是社会交往及群体意识需要提取该记忆的延续性"[1]，哈布瓦赫认为集体记忆是立足于现在而对过去的一种建构；保罗·康纳顿在《社会如何记忆》[2]一书中提出，"记忆"是一种极其普通的个体官能，但相对于个体记忆，还存在着另一种记忆，即社会记忆，康纳顿提出了社会记忆的两种传播方式——纪念仪式和身体实践，康纳顿进一步区分了两种不同类型的社会实践，即体化实践和刻写实践，两种实践的共同点都是对人身体的依赖，而不同在于对人身体的依赖程度不同，体化实践完全依赖于人的身体，而刻写实践可以独立于人的身体来完成对记忆的存储与传递[3]。

社会记忆理论为我们思考社会科学中的一些理论和问题带来了新的动力与启示，尤其是对于保护乡村记忆和开展乡村档案文化建设具有重要理论指导价值。按照彼得·伯克（Peter Burke）的观点，社会记忆属于回忆社会史的范畴，具体内容包括"口头流传实践、常规历史文献（如回忆录、日记等）、绘制或摄制图片、集体纪念仪式以及地理和社会空间"等[4]，不难看出，社会记忆的内容主体就是"刻写实践"——档案（包括

---

[1] 莫里斯·哈布瓦赫. 论集体记忆 [M]. 毕然，郭金华，译. 上海：上海人民出版社，2002：335.
[2] 保罗·康纳顿. 社会如何记忆 [M]. 纳日碧力戈，译. 上海：上海人民出版社，2000：91.
[3] 彭恒礼. 论壮族的族群记忆——体化实践与刻写实践 [J]. 广西民族研究，2006（2）：87-96.
[4] 高萍. 社会记忆理论研究综述 [J]. 西北民族大学学报（哲学社会科学版），2011（3）：112-120.

口述档案、回忆录、日记、家谱、村志等纸质档案、图片录音等音像档案），即使是纪念仪式过程中也会利用档案或者留下档案，它们也是乡村档案文化建设过程中的主要客体，因此，乡村档案文化建设应积极遵循和利用社会记忆理论的最新研究成果，提高乡村档案文化建设的质量和水平，科学留存乡村记忆。

五、合作治理理论

合作治理是近年在西方国家尤其是美国出现的旨在解决跨域跨部门公共问题的一种新型治理形式，是指治理主体基于特定的互惠性目标，在自主、平等的基础上开展合作的一种真正的共同治理。作为一种后现代社会背景下产生的新思想，合作治理不仅引入了多元主体思维，开启了管理学范式进步的大门，还在实践上描绘了公共服务机制创新的生动画卷，与其他合作理念相比，合作治理更突显政府与社会的合作与协同，实质是国家与社会在公共服务提供上的联合行动，其核心理念包括集体平等的决策过程、协商方法、共识导向、有效合作、联合行动的能力、互益的互动等。乡村档案文化建设并非仅仅是档案部门的事情，它涉及了较为多样广泛的参与主体，包括政府、文化机构、村级组织、村民、社会力量、档案机构等。各参与主体围绕乡村档案文化建设如何开展有效合作，政府主导和社会力量参与如何实现有效的协同，如何在决策中尊重和体现村民的意愿等都需要借鉴合作治理理论的先进理念和方法。

第三节 乡村档案文化建设的内涵

《美丽乡村建设指南》（GB/T 32000-2015）中提出，乡村，指的是居民以农业为经济活动基本内容的一类聚落的总称，又称农村、乡下、村落、村庄等，是当代"三农"问题的三大关注点之一，也是美丽乡村的建设对象，其建设目标为"经济、政治、文化、社会和生态文明协调发展，规划科学、生产发展、生活宽裕、乡风文明、村容整洁、管理民主，宜居、宜业的可持续发展乡村（包括建制村和自然村）"。近年来，文化遗产保护领域更多关注的是乡村中的传统村落，住房和城乡建设部、文化部、财政部《关于加强传统村落保护发展工作的指导意见》（建村〔2012〕184号）指出，传统村落指的是"拥有物质形态和非物质形态文化遗产，具有较高的历史、文化、科学、艺术、社会、经济价值的村落"，可见传统村落的界定标准远高于乡村。

乡村档案是乡村组织或村民个人在以往政治、经济、文化、社会等实践活动中直接形成的具有清晰确定原始记录作用的固化信息。2018年施行的行政规章《村级档案管理办法》（见附录文2-1）将村级档案界定为"村党组织、村民委员会、村集体经济组织等（以下简称村级组织）在党组织建设、村民自治、生产经营等活动中形成的具有保存价值的文字、图表、音像等不同形式和载体的历史记录"，"村级档案工作主要包括村级组织对村级档案进行的收集、整理、保管、鉴定、利用等工作"[①]。此外，《村级档案管理办法》将村级档案分为文书档案、基建项目档案、设施设备档案、会计档案、音像档案、实物档案等类别，实际上乡村档案的类别不止这些，它还包括村民档案、民生与农民合法权益档案、现代农业生产经营档案、乡村历史文化遗产（记忆）档案等。乡村档案是乡村经济、社会、文化发展的原始记录和客观反映，乡村档案工作是开展美丽乡村建设和实施乡村振兴战略的基础性和支撑性工作。

从文化角度来看，乡村档案是宝贵的文化资源和重要乡土文化遗产，其权威可靠的价值以及丰富深厚的精神文化内容本身就成为一种乡村档案文化现象。蒋国勇认为，"乡村档案文化是指在对乡村活动中产生的凭证信息进行合目的控制过程中逐渐形成并得到共同遵循的档案精神文化以及

---

① 《村级档案管理办法》（国家档案局第12号令），2017年11月23日。

与之关联的物质载体的总和"[1]。李婷认为,乡村档案文化是指"在乡村活动生产中所产生的具有原始凭证信息的所形成的物质文化和精神文化的总和"[2]。乡村档案文化是可以通过主体有意识的建设予以强化和丰富的。因此,实践中许多地方开展了形式多样的乡村档案文化建设工作。笔者认为,所谓乡村档案文化建设,指的是村级组织和村民以乡村档案资源为依托,立足乡村实际,采用科学管理方法,充分深入挖掘乡村档案资源文化价值的乡村文化建设活动。乡村档案文化建设对于传承乡村历史、繁荣乡村文化、守护乡村记忆、维护乡风文明具有独特价值和作用,对于提升村民的文化自信、建设社会主义文化强国、实现乡村振兴和中华民族伟大复兴具有重大现实意义和战略价值。

第四节 乡村档案文化建设的内容与范围

一般来说,凡是具有历史与文化价值的乡村档案资源都可以纳入乡村档案文化建设的内容之中,因此,乡村档案文化建设的内容和范围是相当广泛的,由于我国乡村众多,村情不一,经济社会发展与文化差异较大,各地应根据自身档案资源的实际和特色对乡村档案文化建设的内容范围进行具体界定。依照乡村文化遗产整体性保护的要素(表1-1),结合我国各地正在开展的乡村档案文化建设实践经验,总体来说,乡村档案文化建设的内容和范围按照主题大致可以包括以下六大方面:

一、乡村红色档案文化建设

中国共产党领导中国人民取得新民主主义革命胜利的原因之一便是走

---

[1] 蒋国勇. 社会认同视野下的乡村档案文化建设类型与特点 [J]. 浙江档案, 2012 (8): 14-17.
[2] 李婷. 乡村档案文化建设研究 [D]. 南昌: 南昌大学, 2016: 7.

了一条"农村包围城市"的道路,因此,在我国许多农村地区留存了大量红色革命的遗迹和档案资源,这是开展乡村红色档案文化建设的宝贵财富,许多乡村可以充分利用这一资源优势,积极挖掘、利用与开发红色档案资源,走出一条特色档案文化建设之路。例如,山东省淄博市张店区沣水镇东高村依托本村红色档案与文物建立了红色东高革命纪念馆,积极开展红色教育,弘扬红色文化,传承红色基因,有效助力乡村文化振兴。①

二、乡村非物质文化遗产及传承人档案文化建设

乡村是我国非物质文化遗产富集的地区,非物质文化遗产具有口传心授的特点,随着非物质文化遗产传承人的离世,许多非物质文化遗产处于消亡的边缘,这给非物质文化遗产保护和传承带来了很大的困难。基于此,充分利用录音、录像、文字、照片等方式对处于消亡边缘的非物质文化遗产及其传承人进行抢救性建档是非物质文化遗产保护的重要一环,这是保护非物质文化遗产的重要前提,也是传承非物质文化遗产的基础。同时这也是乡村档案文化建设的重要组成部分,我国乡村地区富集的服饰文化、饮食文化、巫事文化、节庆文化、婚俗文化、传统手工技艺等非物质文化遗产都可以通过建档予以固化抢救,这可以有效提升乡村档案资源的数量和质量,使得乡村档案文化建设更具特色性和多样性。

三、村民及伦理道德档案文化建设

村民是乡村档案的关联主体,乡村档案文化建设当然离不开对村民及其伦理道德的关注,村民事迹及伦理道德不仅要在乡亲邻里间口口传颂,还应通过文字记录等形式形成更为直观的档案,让其精神流传得更为久远。村民及伦理道德档案具体又可以包括乡村名人档案(乡贤、老党员等)、长寿老人档案、孝慈档案、好人事迹档案、退役军人档案、未成年人成长档案等。例如,贵州省安顺市积极开展乡村好人事迹档案建设,将

---

① 程芃芃. 淄博张店:档案留住"乡愁"[EB/OL]. 人民网,2018-10-16.

好人事迹档案纳入传统村落档案保护文件材料，涉及范围涵盖本村各级"好人榜"上榜好人、道德模范、敬老爱幼模范、五好家庭、好婆婆、好媳妇等先进典型，归档资料包括奖状、荣誉证书、先进事迹、好人好事纪实材料等，加强和改进好人事迹档案征集整理、保护管理、编研开发、宣传利用等方面的工作，有效弘扬了民族传统美德，提升了乡村优秀传统文化的层次和质量①。

四、乡村传统建筑与实物档案文化建设

乡村传统建筑是乡村文化遗产资源的典型代表，许多乡村传统建筑造型奇特、别具一格，是乡村文化遗产保护的重点。2019年颁布的《山东省历史文化名城名镇名村保护条例》明确规定，"城市、县人民政府应当对公布的历史建筑设置保护标牌，建立历史建筑档案"。对乡村传统建筑进行建档是乡村传统建筑保护的重要举措，也是传统建筑文化的重要信息载体。乡村传统建筑档案记录了传统建筑的结构艺术特征、历史特征、建设年代及稀有程度、保存状况，包含了建筑的相关技术、测绘、装修和使用及产权等资料，包含文字、图纸、图片、影像等多种形式，是开展乡村档案文化建设的珍贵资源。除了乡村传统建筑档案，乡村实物档案也是乡村档案文化建设的重要组成部分，所谓乡村实物档案，指的是乡村生产生活中通过收集整理具有档案属性的实物而转化成的档案，它具有档案所具有的原始性、直观性、确定性等特征，能真实记载和生动反映乡村社会各项实践活动和发展历史。例如，上级领导或知名人士的题词字画、乡村使用过的牌匾、停用的各种印章、重大活动中的纪念品和宣传品、村级组织或村民获得的奖杯、奖状、奖牌、奖章、锦旗、荣誉证书、反映乡村社会变迁的粮票、肉票以及其他有保存价值的实物。

---

① 张爱国，钟亚敏. 安顺市档案局让"美丽乡村"讲好"好人故事"[EB/OL]. (2018-09-26) [2020-06-11]. http://www.zgdazxw.com.cn/news/2018-09/29/content_249002.htm.

五、乡村治理档案文化建设

乡村在治理过程中会形成大量的文书档案、科技档案、会计档案、户籍档案、计划生育档案、精准扶贫档案等，这些档案不仅在乡村治理中具有重要凭证和信息价值，而且其中的一些珍贵档案具有重要的历史文化价值，它们反映了乡村治理在特定时代的运作表现形式，体现了村级组织带领广大农民艰苦奋斗、共同致富的光辉历程，深入发掘其文化价值有利于更好地记录乡村社会治理和经济发展振兴的变迁过程，提升乡民对本村历史发展的文化自豪感和自信心。例如，山东省临沂市临沭县曹庄镇的朱村档案馆保留了20世纪60年代至今的党组织建设档案，"历年来的组织建设登记表、支委会意见草案等记录十分完整，装订简陋的党员考评登记表、点名册一应俱全，基本情况清清楚楚，均用毛笔工工整整誊写"[①]，如此珍贵的乡村党组织建设档案既是乡村党组织建设的重要凭证和经验参考，同时也是一笔反映乡村治理历史的宝贵文化财富，是朱村党组织领导朱村人民艰苦奋斗、干事创业的真实历史写照，对朱村人民传承发扬历史优良作风、在乡村振兴中继续攻坚克难具有重要激励作用。

六、家庭、宗族及村落规训与变迁档案文化建设

家有家训，族有族约，村有村规，国有国法，乡村家庭、宗族与村落的规训文化以及记录家庭、宗族与村落变迁的档案文献资源是乡村档案文化建设的重要组成部分，具体包括家训、族约、村规、族谱、村志、村史、大事记等，它们是记录乡村家庭、宗族历史以及反映乡村社会世代延续与变迁的重要凭证和信息载体，具有重要凭证价值、信息价值、规约价值和传承价值。

---

① 徐锦庚，王沛. 小村档案馆 见证变迁留住根 [EB/OL]. (2019-06-14) [2020-03-11]. http://society.people.com.cn/n1/2019/0614/c1008-31136226.html.

第五节　乡村档案文化建设的价值与功能

乡村档案文化建设并非花架子工程，而是有着实实在在的价值与功能，功在当代，利在千秋，具体价值和功能大致可以归纳为以下五大方面：

一、情感价值——寻找精神源泉，寄托浓浓乡愁

杜甫的"露从今夜白，月是故乡明"道出了人们对家乡的无限思念和离愁别绪，乡愁是一种让人难以割舍的深厚情感。乡愁以何来寄托？乡村档案文化建设为人们寄托乡愁提供了绝佳的载体。乡愁不仅仅是那山、那水、那房屋，更重要的是那人、那事、那精神，让人、故事和精神永流传的稳定可靠载体当然是乡村档案，乡村档案文化建设是人们思念家乡、寄托乡情的重要途径，有利于共建人民群众的精神家园，增强民族文化自信心和凝聚力，增强村民的自豪感、幸福感、归属感和获得感。

二、历史文化价值——追溯悠久历史，弘扬传统文化

中国是一个有着漫长农耕历史的文明古国，广大乡村有着悠久的发展历史以及丰富的传统文化资源，如何有效记录乡村的悠久历史、保护和传承灿烂的乡村传统文化是近年来学界和业界关注的热门话题。由于乡村档案具有原始性、凭证性、草根性、真实性等特征，因此，大量乡村历史和传统文化资源是以档案为载体予以固化和传承的，如村史党史、地契、口述档案、影像资料等，乡村档案文化建设为铭记乡村历史、保护乡村传统文化提供了一条有效的路径，同时乡村社区档案也可以"重构农村小社区

的社会变迁"①。加强乡村档案文化建设有利于最大限度地为优秀传统文化建立档案,最广泛地收集散落于广大乡村地区的档案资源,经过科学整理和深度挖掘与开发,有效保护、展示和传承优秀传统文化,延续乡村历史脉络,提升乡村文化底蕴和品位。

三、经济价值——发展文化旅游产业,搞活乡村经济

大力发展农村经济,大幅度增加农民收入成为解决"三农"问题的重中之重,乡村档案文化建设也不能脱离这一具体实际。实际上,在保护乡村档案文化遗产、守护人民的乡愁记忆、重建人民精神家园的过程中,乡村档案文化建设在振兴乡村文化的同时,也独辟蹊径,走出了一条振兴乡村经济的特色之路,这集中体现在以乡村档案文化建设为突破口,开展乡村文化旅游,发展乡村文化产业,搞活乡村文化旅游经济上。现在的旅游经济拼的是特色和文化,乡村档案文化建设因地制宜地保护和利用当地档案文化遗产,凸显了乡村的乡愁特色和乡村文化,这正是乡村旅游的发力点和魅力点所在。因此,成功的乡村档案文化建设有利于促进乡村档案文化优势转化为乡村经济文化优势,从而助力发展乡村旅游和脱贫攻坚,服务乡村振兴战略,促进农村社会、经济和文化协调发展。如山西省武乡县档案馆充分发挥档案资源作用,深入挖掘扶贫村乡愁文化资源,助推文化旅游产业发展,在掌握村落的民俗民居风情和村史趣闻基础上,从改造传统古村落入手,修复土窑洞5眼,展示不同历史时期该村民居窑洞的风貌,吸引游人参观,同时与北京电影学院、沈阳城市学院、晋中学院合作,建立摄影采风创作基地,给扶贫村带来了可观的经济效益,也带动了其他扶贫项目落地。②再如,江苏省张家港市档案馆与乐余镇永利村党委联合打造"档案忆空间"(农村档案文化体验馆)项目(见图2-1),该

---

① RIEGER J H. Living Witnesses to Social Change and Family Documents as Community Archive Reconstructing Social Change in a Small Rural Community [J]. Qualitative Inquiry, 2014, 20 (5): 607-620.
② 范晓丽. 山西武乡:档案资源助力乡村旅游发展 [N]. 中国档案报, 2018-07-12 (2).

项目是一个设立在果园里的农村档案文化体验馆,设置了"美丽乡愁"(我们过去的生活)、"金色童年"(我们小时候)、"红色加油站"(先锋驿站)、"文化氧吧"(阅读及未成年人档案展示区)、"老物件展示"等区域,通过文字、图片、音频等形式,展示了在中国共产党的领导下永利村人民努力建设美丽富强新农村的奋斗历程,成了铭记历史、留住乡愁、激发群众奋斗热情的历史课堂和乡土读本,不仅丰富了游客的采摘体验,还增加了当地村民的经济收入,提升了村民的生活质量,促进了农文旅融合经济的发展。①

图 2-1 张家港永利村"档案忆空间"(农村档案文化体验馆)项目②

四、行政价值——发挥凭证价值,助力文化遗产保护

乡村档案文化建设并不仅仅是一项文化行为,同时也是一种行政行为,其行政价值具体体现在以下方面:第一,乡村档案文化建设为其他行政行为的有效开展提供可靠信息支撑。重要的乡村文书档案、会计档案、土地产权档案等既具有重要的历史文化价值,同时也可以凭借其凭证作用有效调解处理纠纷、维护农村基层党组织、村民委员会和农民合法权益、完善农村各项服务、促进农村社会和谐稳定,服务美丽乡村建设和乡村基

---

① 祝小艳. 江苏张家港市档案馆:党建结对共建,促乡村农文旅融合发展[N]. 中国档案报,2021-01-25(2).
② 张家港市人民政府新闻办. 永利村的"档案忆空间",到底是什么?[EB/OL]. (2020-12-25)[2021-08-25]. https://weibo.com/ttarticle/p/show?id=2309404585975421468930.

层治理,有效助力农村脱贫攻坚和乡村振兴战略的实施。其次,乡村档案文化建设也可以为乡村文化遗产保护工作提供必要档案信息,如《山东省历史文化名城名镇名村保护条例》(2019)第十三条规定,"申报省历史文化名村,应当具备下列条件:(一)保存文物或者非物质文化遗产较为丰富,或者与重要历史事件和历史名人密切相关;(二)传统风貌建筑集中,能够反映本地区建筑的文化特色、民族特色;(三)保留着传统格局和历史风貌。"历史文化名村如何证明与重要历史事件和历史名人密切相关,乡村档案的重要性不言而喻。第二,乡村档案文化建设是其他行政行为的重要组成部分。乡村档案文化遗产既是开展文化遗产保护工作的重要对象,也是保护文化遗产的重要手段。如2014年山东省发布的《关于实施"乡村记忆工程"的通知》(鲁文发〔2014〕61号)明确提出,山东省乡村记忆工程保护范畴不仅包括各级政府公布的文物保护单位,还包括大批具有人文、历史、建筑价值的文化遗产,这些文化遗产当然包括档案文化遗产,因此做好乡村档案文化建设对于顺利开展乡村记忆工程具有重要辅助作用。再如,我国多项法律法规已将对乡村文化遗产建档列入强制行为,乡村文化遗产建档成为保护乡村文化遗产的重要手段,《中华人民共和国非物质文化遗产法》(2011)第三条规定,"国家对非物质文化遗产采取认定、记录、建档等措施予以保存",第十三条规定,"文化主管部门应当全面了解非物质文化遗产有关情况,建立非物质文化遗产档案及相关数据库"。《山东省历史文化名城名镇名村保护条例》(2019)第三十四条明确规定,"城市、县人民政府应当对公布的历史建筑设置保护标牌,建立历史建筑档案"。

五、教育价值——提升乡村教育趣味性,助力乡风文明建设

再穷不能穷教育,大力搞好乡村教育是乡村振兴的必由之路。乡村档案文化建设便是振兴乡村教育的有效路径。乡村档案具有权威性、丰富性、特色性、原始凭证性等特征,是开展乡村社会教育的绝佳素材,充分发掘利用乡村档案资源的文化价值开展社会教育可以避免乡村教育的空洞性和乏味说教性，大大提升教育的趣味性和生动性，让更多年轻村民在潜移默化中了解乡村发展历史，防止偏听偏信，从而有效提升教育质量和效果。在村文化活动室或农家书屋，当一份份珍贵文书档案和奖状证书、一部部族谱和村志、一张张原始老照片展现在村民面前时，村民更容易产生对乡村发展光辉历史和厚重文化的敬畏之心和自豪感恩之情，会主动投身保护乡村文化遗产和建设家乡的光辉事业，积极遵守村规民约，以形成崇善向上、勤劳致富、邻里和睦、尊老爱幼、诚信友善等文明乡风，有效助力新型农民培育和乡风文明建设。

第六节　乡村档案文化建设的模式与原则

一、乡村档案文化建设的模式

乡村档案文化建设的模式指的是乡村档案文化建设主体行为的运作方式，具有重复性、结构性、稳定性和可操作性等特征。乡村档案文化建设模式应根据乡村具体实际进行选择和灵活调整，不可生搬硬套，根据乡村档案文化建设主体的不同，结合我国乡村档案文化建设实践，乡村档案文化建设模式一般可分为以下几种：

（一）乡村自建模式

乡村档案文化建设的乡村自建模式，指的是以乡村党组织和村民委员会为建设主体，以乡村档案资源为对象，在上级机构、广大村民及社会力量的支持和帮助下，为大力发掘利用乡村档案资源的文化价值而开展的档案文化建设活动。乡村自建模式是目前我国乡村档案文化建设的主流模式，应用最为普遍，该模式立足本村档案资源，档案文化建设成果惠及本村村民，建设主体积极性较高，建设效果较好。例如，近年来福建省档案部门开展的"乡村记忆档案"项目采用的便是这种模式，项目示范村深入挖掘乡村自然、历史和人文资源，改善档案保管条件，建立档案展示场所，开展村志编纂活动，拍摄档案专题宣传片，项目建设成绩突出，社会反响强烈。

(二) 乡镇代建模式

乡村档案文化建设的乡镇代建模式指的是由乡镇党委和政府作为建设主体，以所辖村档案资源为建设对象，在上级机构、各村级组织、广大村民和社会力量支持和帮助下开展的档案文化建设活动。乡村档案文化建设的乡镇代建模式具有诸多优势，第一，该模式建设主体是乡镇党委和政府，在人财物力的投入方面比单个乡村具有更多资源优势，有利于提升乡村档案文化建设的规模；第二，乡镇代建模式可以集合全镇档案资源进行资源整合和深度开发与共享，有利于提升乡村档案文化建设的质量和层次；第三，乡镇代建模式的建设效果可以惠及全镇乡村，使全镇村民享有均等的档案文化服务。当然，乡镇代建模式也存在一些现实难题和不足，一是如何有效集中全镇乡村档案资源仍处于实践探索阶段，代表性地区如福建三明、浙江湖州等，没有大规模铺开。二是乡镇代建模式将全镇乡村档案资源开发集中于一个项目，容易弱化各乡村档案文化建设的主体性和特色性，降低村级组织和村民参与的积极性。三是由于有些乡村距离乡镇中心较远，乡村档案文化成果在全镇的共享利用可能存在不便。实践中乡村档案文化建设的乡镇代建模式并不多见，但也有做得比较成功的案例，比如福建省三明市2016年在全市全面铺开"村档乡（镇）管"工作模式，大力集中和开发乡村档案文化资源，在乡村档案收集与保管、档案文献编纂、编史修志、拍摄档案专题片等方面开展了大量工作，大大丰富了乡村档案资源，提升了乡村档案文化建设的质量和效益，该模式对加强农村档案管理、建设基层档案文化的探索得到了福建省档案局领导的高度评价，认为这项工作是三明市先行先试的又一项创新品牌[①]。

---

① 李永松. 探索"村档乡（镇）管"模式 服务乡村振兴战略 [N]. 中国档案报, 2019-4-8 (3).

(三) 文化或档案部门代建模式

乡村档案文化建设的文化或档案部门代建模式指的是以图书馆、文化馆、博物馆、档案馆为建设主体，依托馆藏丰富资源和先进基础设施，广泛征集、整理和开发利用乡村档案资源的行为模式。该模式将乡村档案文化的保管和利用展示阵地转移到文化和档案部门，人财物力资源保障充分，乡村档案开发与利用水平较高，但缺点是受档案所有权限制，乡村档案资源的收集难度较大，该模式在实践应用中并不多见。

(四) 多村合建模式

乡村档案文化建设的多村合建模式指的是以两个及两个以上村级组织为建设主体，以各村档案资源为共同建设对象，在上级机构、各村村民以及社会力量的帮助和支持下，合作开展的乡村档案文化建设活动。乡村档案文化建设的多村合建模式与多村合并建设的新型农村社区模式有着相似之处，其优势在于可以有效规避村庄小、村庄多、村庄干部少、村级档案资源少且分散、村庄文化服务少等现实难题，提高乡村档案资源的数量和质量，壮大乡村档案文化建设的力量和规模，同时可以有效调动村级组织和村民的积极性和主动性。当然，这种模式也存在一些难点和问题，例如各村档案资源如何进行有效整合，乡村档案文化合作建设过程中各村的合法权益如何保障，乡村档案文化建设成果如何分配等问题还有待进一步探索和检验。目前实践部门采用这种乡村档案文化建设模式的并不多见，仅有个别地区开始了初步探索，如山东省济南市档案局对多村合并建设的新型农村社区的档案管理模式进行了探索和实践[1]。

(五) 农民或社会自建模式

乡村档案文化建设的农民或社会自建模式指的是以农民个人、企业或其他社会组织为建设主体，以乡村档案资源为建设对象开展的乡村档案文

---

[1] 祁莉红，张巍. 记录振兴 服务振兴——济南市农村档案工作服务乡村振兴侧记[N]. 中国档案报，2019-3-11 (3).

化建设活动。该模式主要依靠个人或社会组织的个体感情、意愿和积极性及资源投入来开展，在实践中并不多见，但也不乏一些典型案例。如2015年，山东省泰安市泰山区省庄镇岳庄村的村民金名国自己筹建了一座乡村文化博物馆，免费向社会开放，馆藏内容包括古代农耕文化的历史文物、村民淘汰的不常见的老物件以及历史档案资料、地图等。[①] 再如，2009年，在甘肃省庆阳市西峰区董志镇北门村，出于对家乡热土的挚爱和乡村历史记忆的眷恋，农民李兴祥个人出资50万元创建陇原史典收藏中心和北门村村史馆，面积达800㎡，陇原史典收藏中心主要收藏文史资料和证章票据，有珍贵文献、地方史志、图册等共计5000多册，其他各式各样的证件、证书、执照、徽章、票据等数千件；北门村村史馆收藏有关于北门村行政建置、组织机构沿革、干部任职、大事记、土地房产证、粮油订购合同、劳动手册、农副产品交售手册等方面的资料，此外还有"5406"菌肥生产设备、土地养分测定设备、带有试验原始记录的农作物试验田种子瓶等稀有农业科技设备，这些档案和实物对于人们了解北门村的社会经济发展历史具有重要价值。此外，同样在庆阳市西峰区董志镇北门村，一家以经营当地特色餐饮为主的农家乐——文存科文化大院专门开辟一角建立了"董志镇民间民俗博物馆"，收藏有大量乡村档案和实物，让群众在吃饭游乐之余感知历史、体味乡愁。[②]

二、乡村档案文化建设的原则

乡村档案文化建设应用科学原则进行指导和规范，一般来说，乡村档案文化建设应遵循以下原则：

[①] 崔亚楠，吴金成，李萌. 泰安农民自建乡村文化博物馆 免费向市民开放［EB/OL］. 人民网，2016-03-08.
[②] 郭年. 根植沃土 花开塬上——甘肃省庆阳市西峰区新农村建设档案工作纪行［EB/OL］.（2019-01-25）［2020-02-11］. http：//daj. fuzhou. gov. cn/zz/daxw/yjdt/201901/t20190125_2748702. htm.

(一) 乡村自主，政府扶持

我国绝大部分乡村档案文化建设行为还是以乡村村级组织为主体开展的，应该充分尊重和保障乡村在档案文化建设中的自主权、积极性和能动性，同时又要考虑到乡村在人、财、物力以及业务方面的不足和劣势，加强政府的引导与扶持，尤其是加大公共财政对乡村档案文化建设的支持力度。

(二) 民主决策，社会参与

Kim Ik-han 认为，农村档案工作的主体不仅仅是档案工作者，应走出精英化的模式，村庄、社区、档案工作者和普通人都应参与到乡村档案工作中来。[1] 同样，乡村档案文化建设是乡村开展的一项重要行政和文化活动，涉及上级政府组织、村级组织、村民、社会力量等多个参与主体，因此，乡村档案文化建设的决策事项应注重多专业结合的科学与民主决策，充分广泛地听取上级政府组织、村级组织、村民以及社会力量和专家学者的意见与建议，避免出现上级政府组织或者村级组织大包大揽、罔顾村民意愿、侵害村民合法权益的行为。同时，在乡村档案文化建设的具体实施过程中，也应引导、支持和鼓励社会力量积极参与进来，广泛发动社会各方力量投资投劳，做到乡村档案文化建设依靠社会，建设成果全民共享，尤其要将村民作为乡村档案文化建设的主体，尊重村民的知情权、参与权和监督权，要将其视为乡村档案文化建设的主要参与者、管理者和受益者。

(三) 保护优先，民生为本

随着城镇化和现代化的推进，许多珍贵乡村档案处于消亡的边缘，或者在乡村角落渐渐被人忽视和遗忘，因此，乡村档案文化建设的当务之急是抢救和发掘乡村珍贵档案，加强对现存档案的收集、整理和安全保管，

---

[1] Ik-han K. An Experimental Study on the archiving of a village [J]. The Korean Journal of Archival Studies, 2010, 26: 151-172.

保证乡村档案的真实性、完整性和原生性，在有效搜集和科学管理珍贵档案的基础上开展乡村档案文化建设开发工作，禁止过度开发。同时，也要充分认识到农村和农民发展经济、改善民生、满足精神文化需求的实际情况和迫切愿望，将保护管理乡村档案、开展乡村档案文化建设与改善民生、发展经济有机结合起来，处理好乡村档案文化保护与开发之间的关系，提高村民生活质量和生活品质，坚决反对形式主义建设。

（四）规划先行，重点突出

乡村档案文化建设不能搞"大干快上"的盲目无序建设，应首先做好建设规划，明确建设主体、建设任务、建设步骤、资源投入、建设方式等关键问题，尤其要明确建设重点，不可眉毛胡子一把抓，例如可以结合乡村特色把建设重点集中在建设乡村文化和村情村史展馆、编纂乡村志、制作乡村宣传片、建设规范化的村级档案室（包括库室建设、规章制度、档案软件、档案设备等）等关键任务上，做到有的放矢，集中力量和资源办大事。

（五）因地制宜，试点示范

每个乡村都有着自己独特的发展历史、人文风貌、民俗文化和资源特色，如有的乡村历史遗迹丰富，有的乡村有历史名人，有的乡村重要领导前来视察或作出重要批示，有的乡村白手起家成为创富神话，有的乡村传统建筑丰富，有的乡村庙会节庆闻名，有的乡村非物质文化遗产资源丰富，有的乡村富有少数民族特色，等等。每个乡村都具有属于该村特有的珍贵档案资源和经济发展基础，因此，乡村档案文化建设必须充分认识各地乡村发展水平和实际条件的差异性和特殊性，因地制宜，紧密联系每个乡村的具体实际开展工作，突出本地历史和乡土特色，实施"一村一规划""一村一方案"，不能搞一刀切，防止千篇一律，不给村级组织和农民增加额外负担。即使是政府机构统一开展的乡村档案文化建设行动，也不能一开始就大面积铺开，应在认真调研论证的基础上选取部分文化底蕴深厚、文化遗产富集、档案资源丰富、档案管理基础较好的代表性乡村开展试点示范工作，在积累经验、总结教训的基础上再考虑以点带面、平稳推进、分批实施和大规模推广。

（六）深入挖掘，精工细作

我国许多乡村经济社会发展较为滞后，档案保管基础较差，档案收集不齐全，管理混乱，历史档案丢失严重，因此，乡村档案文化建设应在注重全面搜集珍贵档案的基础上，深入挖掘乡村的发展历史、文化遗迹、民俗风情、乡贤名人、教育文化等各类资源，全方位再现乡村发展脉络和历史文化。同时应坚持精工细作，严格按照档案管理的业务要求，科学建档、合理分类、准确编目、安全保管和深度开发利用，严防粗制滥造。

第三章　山东乡村档案文化建设的现状评估

山东省是中国历史文化大省和农业大省，也是中华文明的重要发祥地，历史悠久，乡土文化资源丰富。截至2020年6月，山东省辖16个地级市，136个县级行政区，1824个乡级行政区，现有村庄接近10 000个，传统村落数量丰富。到目前为止，拥有11个国家级历史文化名村（名单见附表3-1），70个省级历史文化名村（名单见附表3-2），125个国家级传统村落（名单见附表3-3），511个省级传统村落（名单见附表3-4），不同地域的村落拥有风格迥异、丰富多样的建筑特色、乡土民俗、生活习惯、劳作方式和宗教信仰。长期以来，山东省各级党委政府和档案部门始终以国家"三农"工作改革大局为重，持续推进农业农村档案工作发展，积极开展乡村档案文化建设，服务农村传统文化保护，取得了很大成绩，同时也存在一些短板和不足，本章将在广泛调研的基础上对此进行详细阐述和评估。

第一节　山东乡村档案文化建设的成绩

一、依法加强对乡村文化遗产的建档保护

乡村文化遗产档案包括文字、图片、视频、音频等多种形式，是对乡村文化遗产的真实记录，具有全面性、准确性、原生性、多样性特征，是

乡村档案文化建设的重要组成部分，同时对乡村文化遗产进行建档也是保护乡村文化遗产的重要而有效的手段，有利于盘清乡村文化遗产的家底，抢救记录濒临消失的文化遗产。近年来，山东省不断加强乡村文化遗产建档保护的政策和法规制度建设，创新乡村文化遗产建档保护的手段和方法，文化遗产建档成为乡村文化遗产保护的法定要求。如2014年山东省文物局、省委宣传部等九部门下发《关于实施"乡村记忆工程"的通知》（鲁文发〔2014〕61号，详见附录文3-1）中要求"加强文化遗产的抢救性记录工作，建立档案和相关数据库"。同年，山东省文物局《关于在全省开展"乡村记忆"工程普查的通知》（鲁文〔2014〕30号）中明确提出"建设'乡村记忆'工程普查数据库"。2015年颁布的《山东省非物质文化遗产条例》（见附录文3-2）第三条指出，"本条例所称保存，是指对非物质文化遗产采取的认定、记录、建档等措施"，建档成为保存非物质文化遗产的重要法定手段；第十条规定，"县级以上人民政府文化主管部门和其他有关部门进行非物质文化遗产调查，应当妥善保存相关实物和资料，并予以记录、建档"；第十五条规定，"县级以上人民政府文化主管部门应当建立、完善非物质文化遗产调查档案以及相关数据库。除依法应当保密的外，非物质文化遗产调查档案以及相关数据信息应当向社会公开"；第二十四条规定："非物质文化遗产代表性项目保护单位应当履行下列职责：……（二）全面收集与项目有关的实物、资料，并登记、整理、建档。"可见，《山东省非物质文化遗产条例》频繁提到要对非物质文化遗产进行建档保护，包括建立非物质文化调查档案和数据库，明确非物质文化遗产档案数据库的开放要求以及非物质文化遗产建档的主体要求等。再如，2019年公布的重要地方性法规——《山东省历史文化名城名镇名村保护条例》第三十六条也明确规定，"城市、县人民政府应当对公布的历史建筑设置保护标牌，建立历史建筑档案"，而且明确了历史建筑档案应当包含的内容以及"历史建筑所有权人和使用人应当配合历史建筑的建档调查、测绘工作"。

二、实施"乡村记忆工程"

山东省"乡村记忆工程"是目前国内开展较早的与乡村档案文化建设有关的文化遗产保护项目（见表3-1）之一，是乡村文化遗产保护的山东探索和实践，该工程旨在探索乡村文化遗产保护和传承展示的创新模式，打造"记得住乡愁、留得住乡情"的载体，破解新农村建设中乡村文化遗产保护"困局"。虽然该工程不是档案部门开展的，但其重要内容包含了乡村档案文化建设工作，故也属于山东乡村档案文化建设的重要成绩。

表3-1 国内部分省市开展的与乡村档案文化建设有关的项目一览表

序号	项目名称	启动时间（单位/年）	地区	开展主体	主要内容
1	省级以上历史文化名村/镇和传统村落村史馆建设计划	2012	江西省	省委宣传部、省文明办	依托祠堂、文化活动中心建村史馆，原则不新建，保留村落自然历史面貌；突出红色历史文化；借节日仪式促乡风文明建设。
2	"浙江乡村记忆"工程	2012	浙江省	省档案局	以乡村记忆示范基地建设为依托，对乡村记忆资源进行深入挖掘和保护，并配套建设乡村记忆馆、乡村博物馆等。
3	乡村记忆工程	2014	山东省	省文物局等九部门	建立一批综合性、"活态化"的乡村博物馆、社区博物馆。

续表

序号	项目名称	启动时间（单位/年）	地区	开展主体	主要内容
4	乡村文化记忆工程	2014	南宁市	市委、市政府	南宁市、县两级财政拨出专项资金，鼓励具备条件的行政村挖掘利用自身资源，因地制宜建村史室、修村史志、办村史展，力求节俭实用接地气，打造了一批"乡愁室""感恩室""乡贤室""规划室""警示室"，使承载"南宁记忆"的优秀乡村传统文化资源得以传承、保护和利用。
5	乡村记忆档案示范项目	2015	福建省	省档案局	重点打造全省57个"乡村记忆档案"示范村，推动和规范乡村记忆档案收集、整理、编研、展览、开发及保护工作。
6	乡村文化记忆工程	2015	山西省	省文化厅	实现每个乡镇都有系统完整、图文并茂的文化发展记录，并依托乡镇综合文化站等设施加以展示，每个县（市、区）都有全面生动、翔实准确的县域历史文化资料数据库。

续表

序号	项目名称	启动时间（单位/年）	地区	开展主体	主要内容
7	"千村档案"建设工作	2016	浙江省	省档案局、省农业和农村工作办公室和省财政厅	建构"一村一档"形式的村落档案数据库，有条件的村落利用现有历史文化信息资源丰富农村文化礼堂陈列展览，打造"乡村记忆馆""乡土资料馆""村史馆"等村落历史文化传承场所。
8	"乡村记忆档案"项目建设试点	2017	南京市	市档案局	室藏档案数字化，应用档案管理软件，建设"乡村记忆档案"数据库等，编撰村史村志，制作和留存一批记录本地民风民俗和口述革命历史的音视频档案，依托村史馆的档案精品展陈，谱写乡土歌曲。
9	雄安记忆	2017	河北省	省档案局	对现行政区域内现有馆藏进行全面统计；对乡村面貌进行采集、记录、建档工作；建立现代化文档数据信息管理中心。
10	"村庄记忆"工作	2018	铜川市	市档案局	编写村情简介，拍摄视频短片，建立档案室、村史馆、乡贤馆、民俗馆、乡情展。

续表

序号	项目名称	启动时间(单位/年)	地区	开展主体	主要内容
11	"乡村记忆文化"项目	2018	泉州市	市档案局(馆)、市方志委	坚持"一村一品、一村一韵"原则，采用规范建档、编史修志、保护史迹、建设特色记忆文化展示馆等措施，在全市范围内先行保护建设50个具有地方特色历史文化记忆的代表性乡村。

2014年，山东省委宣传部、省文物局、省精神文明建设委员会办公室、省发展和改革委员会、省财政厅、省住房和城乡建设厅、省农业厅、省文化厅、省旅游局共九部门联合下发《关于实施"乡村记忆工程"的通知》（鲁文发〔2014〕61号），提出并组织实施"乡村记忆工程"，得到山东省委省政府高度重视，并将其列入省文物事业发展"十三五"规划的十大重点工程，仅试点投资就高达1.3亿元，并成立了由山东省文物局等九部门组成的联席会议推进协调机制。其核心理念是"通过民俗生态博物馆、乡村（社区）博物馆建设，在文化的原生地有效地保护有形和无形文化遗产，整体展示、宣传、保护和传承当地优秀文化遗产，是保护和弘扬齐鲁传统文化、建设人民群众精神家园的有效途径"①。其目标是到2020年，在全省保护、整修、恢复设立十个左右"乡村记忆"乡镇，五十个左右"乡村记忆"民俗节庆，一百个左右"乡村记忆"博物馆（优秀传统文化和非物质文化遗产展示馆）、一千个左右"乡村记忆"村落（街区），五千个左右"乡村记忆"民俗文化和民俗工艺传承人，一万个左右"乡村

---

① 《关于实施"乡村记忆工程"的通知》（鲁文发〔2014〕61号），2014年2月7日。

记忆"民居①。具体工作步骤包括：（一）调研阶段；（二）编制实施方案；（三）选择示范点；（四）组织实施、验收评估；（五）全面推广五个阶段。工程"在遗产资源富集的村镇和社区，通过因地制宜的保护和利用传统文化村镇、街区及其传统建筑等乡土建筑遗产；收集、整理、登录、保护、展示富有地域特色的、反映民间社会生活及其变迁的乡村器物与印记；记录、传承富有地域特色的乡村生产习惯、节庆习俗、农事节事活动、生产技艺等非物质文化遗产，支持培养其遗产传承人；组织整理乡村志，编撰村史、村志、口头记忆和视频记录，建设乡村记忆博物馆；保护、传承地域传统文化与自然生态特色等保护举措，整体提升山东乡土文化遗产保护和传承水平，建成一批各具特色、美丽宜居的'乡村记忆'工程示范单位"②。通过这些保护措施不难发现，其中包含了大量乡村档案文献遗产的搜集、建档、整理和开发利用工作，属于乡村档案文化建设的重要内容。如《关于在全省开展"乡村记忆工程"普查的通知》（鲁文〔2014〕30号）的附件1：《"乡村记忆工程"普查登记表》中的一项重要内容就是对"重要的历史文献"的普查登记，具体普查内容包括"有关乡土历史、文化的方志、族谱等文献的版本、保存人、存放地点"（附件2："乡村记忆工程"普查登记表著录说明），见表3-2：

表3-2　"乡村记忆工程"普查登记表（部分）

	序号	名称	版本	保存人	存放地	
重要的历史文献						

---

① 赵琳. 山东率先出台文化领域供给侧结构性改革实施方案［EB/OL］.（2020-07-22）［2023-07-06］. http：//www. shandong. gov. cn/art/2017/7/22/art_ 97564_ 281598. html.

② 由少平. 山东省"乡村记忆"工程政策法规选编［M］. 北京：中国建筑工业出版社，2016：3-4.

"乡村记忆工程"克服诸多困难，取得了阶段性成果，通过普查摸底和遴选，于2015年确定了24个工程试点单位（传统文化乡镇2个，乡村（社区）博物馆6个，传统文化村落（街区）16个，具体名单见附表3-5），公布了第一批300个"乡村记忆"工程文化遗产名单（名单见附表3-6），该工程建设被纳入"乡村文明建设行动"考核指标内容，列入单位考核重要内容，全省各地对实施"乡村记忆"工程热情高涨，邹城上九山村、周村李家疃村、荣成东楮岛村等一批试点单位保护利用工作初见成效。

三、加强保管并积极开发乡村档案文化资源

山东省档案部门是乡村档案文化建设的主体，改革开放40多年来，山东省档案部门紧密结合国家"三农"发展战略，因地制宜制定和实施乡村档案工作发展政策和制度，在乡村档案管理体制、资源建设、规范化和信息化建设、档案安全保管、服务乡村文化建设和乡村振兴等方面开展了大量工作，乡村档案工作基础建设不断完善，管理制度和标准体系逐步建立，农业农村档案资源日趋丰富，档案工作领域不断拓展。具体到乡村档案文化建设领域，许多地方档案、史志部门和乡村注重保管并积极挖掘整理村史、村志、家谱、乡规、族训等档案资源，建立乡村档案文化展示场所，深入开发利用乡村档案资源的文化价值，取得了良好的社会和经济效益。现选取代表性案例介绍如下：

案例一：潍坊市。2018年，寿光市大规模启动镇村志编修工作，全市56个行政村中迄今已有50个村开展村志编修工作，已正式出版16部乡镇志、2部人物志、1部村庄志略、30部村志①。2020年7月，潍坊市被确定为全国档案工作服务农村基层社会治理第二批试点地区，在试点过程中，潍坊注重整合乡村历史文化内涵，提炼档案文化精品，通过档案文化建设服务乡村振兴。诸城市枳沟镇北杏村是中共一大代表王尽美的故乡，

---

① 葛怀圣，曹维伟. 如何编好新时期的镇村志[N]. 中国档案报，2019-6-10（3）.

潍坊积极发挥档案文化的宣传引领作用，利用王尽美故居、王尽美纪念馆举办庆祝建党百年党性教育主题活动，3个月接待参观者5万多人次。昌邑市参与试点的6个村分别建设了村史馆，利用档案编辑出版村志、族谱，并带动了全市150多个村出版村志，昌邑龙池镇还建设了渤海走廊革命斗争陈列馆，柳疃镇太平集村建设了徐迈书记纪念馆，火道村建设了李福泽将军红色纪念馆、下乡知青纪念馆[①]。乡村档案资源的开发利用和展示有力推动了乡村档案文化建设水平的提升，是档案工作服务农村基层社会文化治理的典型案例。

案例二：淄博市张店区。淄博市张店区沣水镇东高村建立了红色东高革命纪念馆，马尚镇九级村于2016年建立九级村档案馆，张店区档案局围绕乡村振兴、红色教育、经济发展等地方特色，构建起多元化美丽乡村档案资源体系，依托沣水镇东高村、淄博第一个农村党支部洪沟村等地的红色资源，建立红色档案，弘扬红色文化，让乡村焕发文明新气象，为村落留住"乡愁"[②]。

案例三：临沂市临沭县。挖掘整理乡村档案文化资源最为典型的案例当属山东省第一个村级档案馆——临沂市市临沭县曹庄镇朱村的朱村档案馆。朱村是个"红色村"，红色资源丰富，而且档案资源丰富完整，保存较好，朱村充分利用这些优势，广泛搜集村史和抗日战争相关史料，于2013年建立朱村档案馆。该档案馆收藏了会计、土地、文书、组织等10类7000多卷（件）档案，较为完整地记录了新中国成立前后迄今的历史轨迹。朱村对文书档案、党建档案、民兵档案、综治档案、科技档案、生产经营档案、会计档案、村民档案、声像档案、实物档案等进行分类整理归档，共整理文书档案1216卷件，会计档案821卷，房产档案8卷848件，专业档案4621卷件，实物档案189件，工分票和缝衣票2000余张，

---

① 魏效通.山东潍坊：档案工作服务农村基层社会治理成效明显[N].中国档案报，2021-9-23（2）.
② 程芃芃.淄博张店：档案留住"乡愁"[EB/OL].人民网，2018-10-16.

照片档案190余张，录音录像53盘等，而且朱村深入挖掘档案资源，建立朱村档案馆陈列展室陈列典型珍贵档案，如清朝的农业税票、始于1953年的会计账本、始于1958年保存完整的户口档案、省级劳模、小麦丰产奖状等奖励、1959年《山东省农业社会主义建设先进单位代表会议典型材料》（临沂孤本）、始于20世纪60年代的完整党组织档案等。2013年，习近平总书记专程考察朱村，观看抗日战争初期就建立党组织的支前模范村村史展。依靠对这些丰富珍贵的红色资源和档案资源的完好保存和深度开发，朱村斩获众多国家级和省级荣誉：2013年，成为"全国美丽乡村创建示范村"；2013年，村支书王济钦被评为山东省劳模；2016年，被评为"国家级传统村落"；2018年，捧回"全国文明村"牌匾；2019年，《人民日报》以《小村档案馆 见证变迁留住根》为题大篇幅报道朱村档案馆的先进事迹[1][2]。

案例四[3]：淄博市桓台县。淄博市桓台县唐山镇后七村（截至2017年该村共765户，2578人）在村委二楼设有专门的档案库房，完整保存了自1945年以来的财务档案、户籍档案、文书档案以及当代的土地承包合同、林木确权档案、土地确权档案等，早在1997年就被淄博市档案局授予市级档案工作先进单位，有专门的县档案局赠送的铁皮以及木质档案橱保存档案，村委制定了《档案借阅制度》《档案工作人员职责》《档案保密制度》《文书立卷归档制度》等并上墙公示。20世纪70年代，后七村共接收三批知识青年共计127人下乡，为了解、回味和挖掘后七村的知青文化，后七村将村委建筑命名为知青楼，并在村委一层开设了主题为"特殊的记忆"的知青文化展览馆（见图3-1），秉承"留住知青历史、再现当年知青生活面貌"的布展理念，主要展示村委保存的以及从民间征集来的

---

[1] 杨希坡，崔平，薛红. 传承红色基因 服务乡村振兴——山东省临沭县着力打造高标准村级档案馆[J]. 中国档案，2019（7）：30-31.
[2] 徐锦庚，王沛. 小村档案馆 见证变迁留住根[EB/OL].（2019-6-14）[2020-02-11]. http://society.people.com.cn/n1/2019/0614/c1008-31136226.html.
[3] 该案例及图片源自笔者实地调研。

20 世纪 70—80 年代的部分档案、图书期刊、实物、照片、报纸等，如展柜中展出了毛主席的各种著作、《马恩列斯军事文选》《农业知识》杂志、《科技动态》（1972）、《农业学大寨知识材料选编》等图书期刊，山东省军区印制的《民兵工作文件汇编》（1979）、《桓台县革委会学习文件》（1972）、《无产阶级文化大革命学习手册》（1967）、《政治夜校学员诗选》《后七大队革委会 1977 年与外单位签订的亦工亦农、季节工合同、职工供养亲属、退役军人粮食供应介绍信和发放救济款、布花名册》、党员干部点名册、《中共桓台县委文件：1975 年秋种工作意见》《共青团桓台县委文件》（1975、1976）、《桓台县治安保卫工作会议典型材料》（1974）、入团志愿书等大量文书档案原件，《人民日报》《大众日报》《参考消息》等旧报纸、旧收音机、镜子、钟表、水壶、算盘、煤油灯、闹钟、电视、话筒等实物，知青分别合影、联谊会、周年聚会照片以及后七大队历史发展漫画等，这些档案、资料和实物生动再现了那段特殊历史时期的特殊文化现象，受到村民和游客的普遍欢迎。

图 3-1　桓台县后七村档案及知青文化展览馆

四、积极服务乡风文明建设

乡风文明是美丽乡村建设的重要目标，是乡村振兴的总要求之一和重要保障，也是中办国办《关于加强和改进乡村治理的指导意见》（2019年6月）的主要任务之一。《美丽乡村建设指南》（GB/T 32000-2015）的"乡风文明"一节要求"制定并实施村规民约，倡导崇善向上、勤劳致富、邻里和睦、尊老爱幼、诚信友善等文明乡风"，这些文明乡风不是挂在嘴边的口号，需要通过一些具体措施予以保障和实现。而乡村档案文化建设便是落实这些文明乡风的有效手段。近年来，山东省一些地区将这些文明乡风通过建档的方式予以记录和固化，然后以乡风文明档案为依据，通过明确内容、设立评价标准以及监督奖惩的手段予以推进实施，取得了良好的社会效果。其中最具典型性的案例当属山东潍坊青州市弥河镇张家洼村"以孝治村"的先进事迹。该村首先以《致全体村民一封信》以及看板的形式将"孝"的标准告知村民，然后通过让村民填写《赡养老人统计卡》的形式建立专门的"孝档案"，该卡每年填写一次，由父母核对签名，最后，以"孝档案"为依据，通过公布孝心榜和不孝榜以及配套奖惩措施对赡养老人的行为予以考核监督，最终评选出"十星级文明户""好媳妇""好婆婆""五好党员""先进村民代表"等模范并予以公布和奖励。张家洼村建立"孝档案""以孝治村"的举措取得了良好的社会效果，在村里形成了一种比、学、赶、超孝敬老人的良好氛围，从而有效地将口号落到了实处，有力打造了和谐文明村风，推动了乡风文明建设，张家洼村也因此荣获"全国文明创建先进村""全国妇联基层组织建设示范村""全国人口和计划生育基层群众自治示范村""山东省孝文化教育基地""山东省卫生村""山东省民主法制示范村""山东省文明村""潍坊市文明村""潍坊市和谐创建示范村""青州市文明村"等众多荣誉称号。[1]

---

[1] 中共山东省青州市弥河镇委员会，弥河镇人民政府. 弥河镇民情联系本 [M]. 内部资料, 2015: 50-54.

第二节 山东乡村档案文化建设的问题与困境

调研显示,虽然山东乡村档案文化建设取得了不少成绩,但同时也存在一些明显的问题、不足和困境,概括而言,主要体现在以下三个方面:

一、档案主管部门缺位"乡村记忆工程"

2014年,山东省启动实施"乡村记忆工程",并成立了由省委宣传部、省文物局牵头,共九部门组成的"乡村记忆工程"联席会议推进协调机制,这九部门包括中共山东省委宣传部、山东省精神文明建设委员会办公室、山东省发展和改革委员会、山东省财政厅、山东省住房和城乡建设厅、山东省农业厅、山东省文化厅、山东省旅游局、山东省文物局。联席会议不定期召开会议,听取工作汇报,安排部署工作,协调解决重大问题。联席会议办公室设在省文物局,办公室负责编制全省的"乡村记忆"工程普查工作简报,制定具体的技术标准,做好日常工作的组织协调。[①]令人遗憾的是,山东省档案局没有被列入联席会议成员单位。"乡村记忆工程"与乡村档案文化建设关系密切,两者任务和内容存在大量重合之处,山东省档案局作为山东档案事业的主管机构,负责全省档案事业方针政策、规章制度、发展规划的制定和业务监督指导,是乡村档案文化建设的重要领导机构,理应参与到"乡村记忆工程"联席会议中来,但现实中却出现了缺位,这就从事实上导致了乡村档案文化建设的政出多门现象,对乡村档案文化遗产的保护与开发是极为不利的。出现这种现象的原因是多方面的,一方面,从档案部门来看,许多档案部门的思想存在缺位,与

[①] 《关于在全省开展"乡村记忆"工程普查的通知》(鲁文〔2014〕30号),2014年5月30日。

文化部门配合不够，认为文化保护与传承是文化部门的事情，与档案部门无关，档案部门参与文化建设"无用""无为"，从而导致在"乡村记忆工程"中的缺位和不为；另一方面，从政府其他部门尤其是文化部门来看，许多地方"未将档案文化工作纳入地方文化发展总体规划"①，认识不到档案事业也是文化事业的重要组成部分，档案文化遗产也是乡村文化遗产的重要组成部分，因此，在乡村文化遗产保护中忽视了档案和档案部门的作用，影响了档案文化对乡村文化发展促进作用的有效发挥。如2021年3月，山东省文旅厅印发《山东省乡村文化建设样板镇村创建工程实施方案》②，方案中的创建内容包括：（一）功能完善的基层公共文化服务阵地；（二）可持续发展的乡村文化产业；（三）薪火相传的非遗保护传承体系；（四）富有特色的乡村旅游活动品牌；（五）布局合理的乡村书房建设项目；（六）健康有序的乡村文化人才队伍。不难看出，乡村文化建设样板镇村的创建内容均没有乡村档案文化建设的身影，乡村文化建设中缺乏乡村档案文化的内容显然是一个重要缺陷，基于此不足建立的样板村镇必然是不完善的。

二、乡村文化遗产保护对乡村档案的关注不足

乡村档案文献"能够印证村落的历史渊源，浓缩村落的文化基因，并记录村落的演进历史"③，对乡村文化遗产保护具有重要价值。冯骥才在《传统村落需要科学保护体系，需要建立档案》一文中提出："档案是一个根本，档案是任何无论非物质的、物质的还是村落的一个原真性的历史记录。它是一个身份的凭借，它是一个不可或缺的生命的依据，是一个必备

---

① 刘文明. 服务地方文化建设的"档案思考"[N]. 中国档案报，2017-11-27（3）.
② 关于印发《山东省乡村文化建设样板镇村创建工程实施方案》的通知（鲁文旅公共[2021]1号），2021年3月30日。
③ 任越. 传统村落文化建档问题探究——以黑龙江省少数民族传统村落为例[J]. 档案学研究，2017（2）：4-8.

的文献。"① 然而，在全国范围的乡村文化遗产保护热潮中，乡村档案作为文化遗产的重要组成部分存在被忽视或边缘化的风险，这一点在本书研究背景中已经有所提及，具体到山东省而言，这种现象乡村档案文化遗产保护的趋势依然存在，这对乡村档案文化建设以及乡村文化遗产的整体性保护是极为不利的。这种现象从国家层面以及山东省近年出台的有关乡村文化遗产保护的方针政策、规章制度、标准规范中可见一斑。

（一）国家层面

2012年，住房和城乡建设部发布《传统村落评价认定指标体系（试行）》（建村〔2012〕125号），该体系将传统村落评价指标分为三类——村落传统建筑、村落选址和格局、村落承载的非物质文化遗产，这种分类存在明显缺失，那就是缺少了乡村档案这一大类。因为村落建筑仅仅是传统村落的一个外表，要看一个村落深厚的历史内涵和文化发展脉络除了依靠传统建筑以外，更需要乡村档案予以记录和支撑，如果一个村落传统建筑不多，但其保存了大量反映历史发展和社会风俗文化的珍贵档案文献，按照此标准将不被认定为传统村落，这是极不合理的。山东省文物局副局长由少平在《山东省"乡村记忆"工程政策法规选编》的前言中也提到，"在工程的推进过程中，也暴露了诸多工作层面的问题，如对传统村落的概念范围与认定标准还没有形成统一的认识"②。总之，国家层面对传统村落的认定标准值得进一步探讨和论证。2012年，住房和城乡建设部发布《历史文化名城名镇名村保护规划编制要求（试行）》（建规〔2012〕195号）第十一条明确了历史文化名城、名镇、名村的保护内容包括：1. 保护和延续古城、镇、村的传统格局、历史风貌及与其相互依存的自然景观和环境；2. 历史文化街区和其他有传统风貌的历史街巷；3. 文物保护单位、

---

① 冯骥才. 中国传统村落立档调查工作通讯［EB/OL］.（2015-02-13）［2020-08-16］. http：//www.chuantongcunluo.com/index.php/home/zxzl/clyz/wid/808.html.
② 由少平. 山东省"乡村记忆"工程政策法规选编［M］. 北京：中国建筑工业出版社，2016：1.

已登记尚未核定公布为文物保护单位的不可移动文物；4. 历史建筑，包括优秀近现代建筑；5. 传统风貌建筑；6. 历史环境要素，包括反映历史风貌的古井、围墙、石阶、铺地、驳岸、古树名木等；7. 保护特色鲜明与空间相互依存的非物质文化遗产以及优秀传统文化，继承和弘扬中华民族优秀传统文化。令人遗憾的是，在众多保护内容中，没有乡村档案的身影。

（二）山东省层面

2013年，《山东省新型农村社区建设技术导则（试行）》将历史文化遗产界定为"包括物质文化遗产和非物质文化遗产。物质文化遗产是具有历史、艺术和科学价值的文物，包含国家级、省级、市级、县级等各级文物保护单位和已知文物点、名人故居、工业遗产、乡土建筑等历史建筑；历史文化街区、历史文化镇（村）；地下文物埋藏区、馆藏文物、民间收藏文物等"。从这一表述中我们难觅乡村档案的身影。2014年，山东省文物局下发《关于在全省开展"乡村记忆"工程普查的通知》（鲁文〔2014〕30号），通知明确了普查的范围，包括传统乡村文化（风貌）村落、街区、乡村（社区）博物馆、传统乡村文化乡镇、传统民居四种类型，普查主要内容包括"乡村记忆工程"四种类型里面涉及的不可移动的物质文化遗产、可移动的物质文化遗产、非物质文化遗产等。另外普查资料还应包括图书、照片、录音影像资料等。通过这一表述可知，这里的可移动物质文化遗产并不包括纸质乡村档案，因为它将图书、照片、录音影像等文献资料单独提出，虽然随后的《普查登记表》将"重要历史文献"包括进来，但它们将重要历史文献的内容阐述为有关乡土历史、文化的方志、族谱等文献，而乡村档案的主体——村党委、村民委员会保存的大量各门类的纸质档案被排除在外，这对"乡村记忆工程"来说是一个重大缺失。2015年，《山东"乡村记忆"工程技术导则（试行）》在"9.1 保护规划"部分的"9.1.1 基本要求"中，提出了规划要素应包括"传统乡村格局和风貌；基于传统理想景观居住模式衍生的人文格局；与历史文化密切相关的自然地貌、水系、风景名胜、古树古木等要素；反映历史和传统风貌的建筑、街区、村镇；民俗精华、传统技艺、传统文化等"。在此乡村档案也没有被列入"乡村记忆工程"的规划要素之内。

三、乡村档案管理发展不平衡，乡村档案文化建设总体滞后

调研发现，虽然山东省在乡村档案管理方面开展了大量工作，取得了很大进步，临沂市、潍坊市、淄博市等地区涌现了不少乡村档案文化建设的典型案例，起到了很好的示范引领作用，但总体来说，受各地经济发展水平、观念、体制、人才等多种因素的影响，山东省乡村档案管理和档案文化建设发展不平衡，一些地区依然存在较大不足，这也严重制约了乡村档案文化建设工作的有效开展。

（一）乡村档案管理意识不强，档案管理基础较为薄弱

1. 档案收集不齐全，归档不及时，总量不丰富。首先，档案收集难度大。受乡村基层干部和村民档案管理意识不强以及资金、人才不足等因素的影响，许多村级干部对档案工作不重视，普遍存在"不知道什么是档案、不知道收集哪些材料""村档没人管、建档不见档"的现象。再加上乡村档案类目和载体众多，有的乡村档案由各个部门或者个人保管利用，未统一规范管理，受人事变动影响较大，如"山东平阴县一些乡村的档案资料大多在村支书手中，或交由村支书保管，很多档案资料都处于混乱、无序的状态"[1]。其次，档案门类单一，缺失严重。档案"收集侧重于档案资政治史功能，忽视其档案文化教育功能"[2]，导致收集档案多为纸质行政文书档案，反映群众生产生活、文化娱乐活动的档案匮乏。此外，有的乡村甚至只保存近年的档案，档案资料缺失严重，档案资源总量不丰富，以村级党组织档案为例，许多乡村干部习惯将以往的会议记录和党员

---

[1] 付东方. 平阴县农村档案工作管理现状调研［D］. 哈尔滨：黑龙江大学，2018：28.
[2] 林素云. 发挥基层档案在新农村文化建设中的作用［J］. 山西档案，2014（1）：62-64.

入党申请书等文件材料随手一丢，导致现在很多工作无法查实。

2. 档案整理不够系统规范。由于乡村档案管理专业人才缺乏，也没有建立科学规范的档案管理制度，导致大量乡村档案分类不科学，编目不准确甚至没有开展编目。如桓台县唐山镇后七村的档案工作开展基础较好，但其档案也只是按照基本大类进行了简单分类和立卷，并没有开展更为具体的案卷编目工作，这给查阅档案带来极大不便。

3. 档案保管设施不完善，软硬件基础条件不足，导致大量乡村档案文献遗产没有得到有效保存和保护，处于损毁的边缘。有的乡村没有专用档案室，档案保管条件较为恶劣，档案丢失和损毁严重；有的乡村虽有专用档案室，但档案整理、保管、办公、查阅都在一个狭小房间完成，没有做到档案室、查档室、办公室三分开。如桓台县唐山镇后七村虽然有专门库房保管档案，但该库房部分墙皮发霉严重，室内也没有空调等恒温恒湿设施，导致部分旧档案有残破、发霉迹象，实属可惜。

(二) 乡村档案开发利用不足，乡村档案文化建设总体滞后

囿于各种条件，许多乡村"重保管、轻利用"的现象十分普遍，有的依然采用传统单一的查档方式，档案查找困难，档案信息化程度不高。如桓台县唐山镇后七村档案缺乏基本检索工具，仅靠手工逐卷查找档案，且仅在知青文化馆展出部分档案原件，大量珍贵档案如1975年的"政治夜校学员诗选"、20世纪50年代以来的"财务账本"等沉睡在库房中，档案开发利用较为滞后，这还是乡村档案工作先进单位的情况。更多乡村的档案开发利用工作基本处于停滞状态，诸如档案展览、档案编研等工作基本很少开展，许多乡村没有编纂村志，有的乡村虽想编纂村志村史，但不知从何处入手，有的乡村虽编纂了村志，但编目不合理，志书质量不高，乡村档案公共服务供给严重不足。

总之，山东省乡村档案管理和开发利用的这些不足严重制约了乡村档案文化建设的有效开展，虽然淄博市、临沂市的部分乡村在档案文化建设

方面卓有成效，但总体来说，山东省乡村档案文化建设水平依然较为滞后，这与山东省的文化强省战略和乡村振兴战略是极不协调的，必须尽快采取有效措施予以改进提升。

第四章 山东乡村档案文化建设的主体分析

接下来的三章将从建设主体、建设客体、建设环境三个视角对山东乡村档案文化建设的实践路径展开具体分析和细致探讨，笔者将借鉴国内福建省、浙江省、陕西省、贵州省等地开展的乡村档案文化建设先进经验，并结合山东省乡村档案文化建设具体实际进行分析。首先，人是人类社会实践活动的主体和最重要最活跃的影响因素，主体因素是乡村档案文化建设的首要因素，本章将从档案文化建设主体的观念意识提升和乡村档案文化建设的组织领导和参与机制建设两方面对山东省乡村档案文化建设的主体因素进行分析。

第一节 提升乡村档案文化遗产保护观念和意识

2017 年，福建农林大学的硕士研究生陈洁在其硕士论文——《福清市"乡村记忆档案"建设研究》中对福建省福清市"乡村记忆档案"示范项目建设效果做过调查问卷，问卷调查对象为福清市乡镇干部、村级干部、村民，在是否有必要推广建设"乡村记忆档案"的问题上，仅有10%认为必要——能够给子孙后代留下记忆，27%认为不必要——只需发展农村经济，提高收入水平即可，63%认为无所谓，顺其自然，慢慢发展[1]。可见，

---

[1] 陈洁. 福清市"乡村记忆档案"建设研究［D］. 福州：福建农林大学，2017：19.

基层干部和群众的乡村档案文化意识是非常淡漠的。意识对行为具有能动的反作用，如果基层干部和群众没有保护乡村档案文化遗产的观念和意识，对于保护乡村档案文化遗产不积极不主动，那么乡村档案文化建设便无从谈起。因此，开展乡村档案文化建设首先要提升相关部门以及基层乡村干部和群众保护乡村档案文化遗产的观念和意识，通过典型案例、建设效果介绍等多种方式大力广泛宣传和积极引导，让相关部门和广大干部群众充分意识到乡村档案文化遗产岌岌可危的现状，了解乡村档案文化建设的重要意义，认识到保护挖掘乡村档案文化遗产不是形式主义的面子工程，而是留住乡愁、守住乡村灵魂和内涵的里子工程，也是促进美丽乡村建设、推动乡村脱贫致富、加快实现乡村振兴的有效着力点和特色路径，应当成为相关部门和基层乡村持续开展、责无旁贷的重要基础性工作，从而充分调动相关部门和干部群众参与乡村档案文化建设的积极性。

第二节 建立健全乡村档案文化建设的组织领导和参与机制

乡村档案文化建设是一个系统工程，不能单靠一方力量开展，应广泛发动有关各方的力量合力开展，才能取得最优效果。2021年，中办国办印发的《"十四五"全国档案事业发展规划》中指出，"围绕乡村振兴战略，完善农业农村档案管理体制，推动建立县、乡（镇）、村三级密切配合长效工作机制"，这也是乡村档案文化建设的重要体制机制保障，为建立健全乡村档案文化建设的组织领导和参与机制指明了方向。乡村档案文化建设的组织领导和参与机制主要包括领导方、参与方及其角色关系，下面将分别具体介绍。

一、乡村档案文化建设的领导方

"火车跑得快，全靠车头带"，强有力的领导是乡村档案文化建设顺利组织和开展的有效保障和根本保证。一般来说，山东省乡村档案文化建设的领导方主要有三种选择，一种是档案主管部门作为领导方，包括省档案局和各地市、各区县档案局，这种领导方式较为普遍，基本属于档案部门"独舞"的方式，代表性案例如福建省档案部门开展的"乡村记忆档案"项目；第二种是政府为领导方，包括档案局在内的政府其他部门共同参与，代表性案例如贵州省从江县开展的传统村落档案工作；第三种是档案主管部门和其他涉农部门共同作为领导方，代表性案例如浙江省的"千村档案"建设工作。后两种方式均为多部门"共舞"的方式。

（一）档案主管部门作为领导方

山东省各级档案主管部门作为乡村档案文化建设的领导部门，应高度重视，牢记档案机构的历史责任感和"留住齐鲁乡愁"的使命感，树立"有为有位"的干事创业理念，积极介入和作为，主动融入地方文化发展战略和乡村振兴战略，明确主管领导，将乡村档案文化建设列入重要工作内容，纳入年度工作目标、规划和考核。

各级档案主管部门的主要职责如下：

1. 建立健全乡村档案文化建设的管理机制与制度标准，做好项目规划，为全省乡村档案文化建设的有效开展提供人力、财力、物力和技术的支持和保障；

2. 做好沟通协调工作，建立省、市、区、镇、村五级协同联动机制；

3. 配齐配强乡村档案文化建设工作队伍，通过专家报告、现场操作讲解、实地指导等多种形式分级分层进行专题培训，宣传档案法律法规，详细解读乡村档案文化建设的技术规范，提升乡村档案文化建设工作人员业务素质和操作技能；

4. 采取签订协议书、制定验收标准、列入年度考核、定期抽查、年度档案行政执法检查等多种形式的有效监督指导各村级组织乡村档案文化建设工作的具体实施和有序开展，对在乡村档案文化建设工作中作出突出贡献的村干部、档案工作人员和其他组织、个人，档案主管部门及相关单位给予表彰和奖励。如为进一步推动"乡村记忆档案"示范项目的顺利完成，福建省档案局制定了《福建省"乡村记忆档案"示范项目建设验收标准》，要求示范项目所在的县（市）区档案局与省档案局、示范村分别签订《福建省"乡村记忆档案"示范项目建设协议书》，确保示范项目有效实施、顺利通过验收①。

5. 及时解决好工作中遇到的实际问题和困难，可以在调研基础上遴选个别基础较好的乡村作为示范村开展试点工作，培育典型，以点带面，促进乡村档案文化建设全面铺开。

（二）党委政府作为领导方

各级党委政府作为乡村档案文化建设的领导方，主要职责为将乡村档案文化建设列入党委政府的重要议事日程，制定专门制度和实施办法，明确乡村档案文化建设的指导思想、任务、步骤，专门成立由相关部门组成的领导小组，确定具体职责和工作要求，形成多部门合力，并通过资金、绩效考核、专项立法、宣传等措施进行保障。乡村档案文化建设由各级党委政府作为领导方，具有更大的开展优势，这充分体现了各级党委政府对于乡村档案文化建设的重视，可以快速有效地整合更多机构和资源投入保护工作，社会影响力更大，保护效果更好。如2016年，厦门市集美区专门成立"乡村记忆档案"项目领导小组，区党委领导高度重视，区党委分管常委亲任领导小组组长，亲自谋划督促项目开展，积极协调建设补助经费，积极争取了区财政专项资金69.5万元。②再如，2018年，贵州省从江县政府领导开展传统村落档案工作，成立了以县政府分管档案工作的副县长为组长，县政府办、县档案局、县新农村办、县文物局主要负责人及有关乡镇负责人为成员的传统村落档案工作领导小组，县政府办公室专门下

---

① 叶建强. 福建启动"乡村记忆档案"示范项目，省财政为57个示范村拨付资金350万元［N］. 中国档案报，2015-12-21（1）.
② 厦门市档案局（馆）. 乡愁的寄托——厦门市"乡村记忆档案"示范项目建设资料汇编［M］. 厦门：内部资料，2018：5-21.

发《从江县人民政府办公室关于开展岜沙等5个传统村落档案室、生态档案馆建设工作的通知》，明确主体责任、建设标准及具体要求，有效推动了全县传统村落档案工作的开展。①

具体到山东省而言，山东省正在开展的"乡村记忆工程"正是省委省政府领导开展的一次重要的乡村文化遗产保护活动，被列入山东省委常委会工作要点和山东省人民政府工作报告，省政府印发了实施意见，建立了由中共山东省委宣传部、山东省精神文明建设委员会办公室、山东省发展和改革委员会、山东省财政厅、山东省住房和城乡建设厅、山东省农业厅、山东省文化厅、山东省旅游局、山东省文物局共计九部门的联席会议推进机制，但遗憾的是，山东省档案局没有被列入联席会议成员单位，这对于乡村记忆保护工作中涉及的档案工作的组织协调是非常不利的，这导致联席会议出台的相关制度规范和技术标准存在忽视乡村档案文化遗产的重大缺陷，档案文化遗产是乡村文化遗产的重要组成部分，如果在"乡村记忆工程"开展过程中，忽视了档案文化遗产的保护和传承，这是山东乡村记忆的重大缺失，如此构建起来的山东乡村记忆必然是不完整的。因此，应将山东省档案局尽快列入"乡村记忆工程"联席会议成员单位，提高对乡村档案文化遗产的重视，完善包含乡村档案文化遗产在内的乡村文化遗产保护制度，采取有力措施加强对乡村档案文化遗产的保护力度，构建传承更为完整的山东乡村记忆。

（三）档案主管部门和其他涉农部门共同作为领导方

档案主管部门和其他涉农部门（如农业部门、财政部门等）共同作为领导方可以更好整合多方优势形成工作合力，对于促进乡村档案文化建设的顺利开展具有重要意义。各部门应共同成立专项工作小组，明确职责分工，落实人员，制定工作计划，广泛发动，分步实施，确保乡村档案文化建设顺利有效开展。如2016年，浙江省档案局、浙江省农业和农村工作

---

① 吴岳鸿.贵州从江多部门合力推动传统村落档案工作［N］.中国档案报，2018-9-13（2）.

办公室和浙江省财政厅三部门联合开展"千村档案"工作，按照统一的标准规范，以"一村一档"的形式，对全省1306个历史文化村落的历史文化信息资源进行挖掘、收集、整理和归档，建构包含文字、图片、声像在内的"千村档案"数据库，在具体开展过程中，省农办负责"千村档案"建设工作的统筹规划、组织协调等工作，省档案局负责标准制定、业务指导和培训、全省数据汇总、考核验收等工作；市农办、档案局负责本地区工作的部署开展、检查指导和试点培育；县（市、区）农办、档案局负责本地村落历史文化信息资源的摸底调查，组织乡镇、村做好村落历史文化信息资源的采集、数字化加工、整理建库、实体建档和数据报送等工作，县（市、区）财政部门负责落实本地区"千村档案"建设必要的工作经费①，各级部门上下联动相互配合，保证了"千村档案"建设工作的有效开展。

二、乡村档案文化建设的参与方

除了领导方，乡村档案文化建设还涉及一些参与方，具体参与方包括政府其他涉农部门、村级组织、乡村群众以及企业事业单位、社会团体和个人等社会力量。

（一）政府其他涉农部门

与乡村档案文化建设相关的政府其他涉农部门主要包括民政部门、农业部门、财政部门、旅游文化部门、建设部门等，各部门应认识到乡村档案文化建设的重要性，明确自身在乡村档案文化建设中的职责，切实加强组织领导和统筹规划，将乡村档案文化建设工作纳入各自的乡村工作规划，与其他工作同部署、同检查、同验收，并接受档案主管部门关于涉农档案管理的监督和业务指导。

（二）村级组织

村党组织和村民委员会是乡村档案文化建设的实施和责任主体，应将

---

① 《关于开展"千村档案"建设工作的通知》（浙档发〔2016〕13号），2016年6月24日。

乡村档案工作和档案文化建设工作作为村级工作的重要事项,明确分管领导和档案管理人员,对乡村档案管理工作和档案文化建设给予人、财、物力上的充分保障,通过大力宣传提升村民档案意识,村两委书记和主任应亲力亲为,在上级组织的支持和指导下,带领基层组织和广大群众健全本村档案管理制度和机制,做好档案收集、管理和提供利用,做好乡村档案文化建设工作,走出一条乡村振兴的特色之路。

(三) 乡村群众

托马索·托马索 (Tommaso Sbriccoli) 认为,与村民以参与性的方式合作形成档案,能够更全面地理解历史、个人和集体轨迹的叙述。[①] 乡村群众是乡村文化遗产整体性保护的重要一环。住房和城乡建设部、文化部、财政部《关于加强传统村落保护发展工作的指导意见》(建村〔2012〕184号) 中明确提出,"保护传承文化遗产,要尊重村民作为文化遗产所有者的主体地位",村民是乡村档案文化建设的重要利益相关方和责任方,是乡村档案文化遗产的创造者、拥有者、保护者和传承者,负有保护和传承责任,应强化其档案意识,在乡村档案文化建设过程中建立村民参与机制,广泛发动群众和乡贤,充分引入村民参与,在乡村档案文化建设项目规划、决策和实施过程中应尊重村民意愿,鼓励村民积极参与到乡村档案文化遗产的拍摄、搜集、整理和开发利用工作中来,共建共享乡村档案文化建设成果,使其成为乡村档案文化遗产保护最为重要的有生力量。如山西省临汾市尧都区人民政府办公室关于印发《尧都区"乡村文化记忆工程"2019年推广工作方案》的通知中要求,要充分发挥村级组织的基础作用和农民群众的主体作用,让老百姓主动参与进来,尊重农民群众的知情权、参与权、决策权和监督权,广泛发动群众发掘梳理本乡本土历史上遗留下来的"老地方""老物件""老传统""老故事""老习惯",鼓励群众提供实物与资料线索,引导农民群众积极参与"乡村文化记忆工

[①] SBRICCOLI T. Between the archive and the village: the lives of photographs in time and space [J]. Visual Studies, 2016, 31: 295-309.

程"推广工作。① 又如，厦门市集美区田头村在开展"乡村记忆档案"示范项目建设过程中，广泛发动村民参与，田头村村民自觉自愿捐献了7700件老物件，形成了"个十百千万"件的收藏规模，即一个乡村大舞台、十对古代功名旗杆石、百幅历史名人油画、千样传统农用物件和万件红色主题藏品等，更有反映田头村历史文化的文字碑牌数十块，这些收藏成为"田头乡村记忆馆"的重要馆藏主体②，当然，该记忆馆的受益主体也是广大村民，已经成为村民寄托乡情、留住乡愁的重要载体。再如，浙江安吉县在开展"千村档案"项目过程中，档案部门在递铺镇双一村连续驻村一周，发动镇村干部、村老支书、老党员、老教师多方查找档案资料，仅一村就形成17.9GB的数据内容，探索出一条吸收乡贤参与档案文化建设的好路子。

（四）企业事业单位、社会团体和个人等社会力量

住房和城乡建设部、文化部、财政部《关于做好2013年中国传统村落保护发展工作的通知》（建村〔2013〕102号）明确提出要"建立公众参与的保护发展责任机制，……引导社会各界积极参与"；《山东省历史文化名城名镇名村保护条例》（2019）第六条规定，"鼓励企业、事业单位、社会团体和个人通过捐赠、投资、提供技术服务等方式，参与历史文化名城、名镇、名村的保护工作。"可见，企业事业单位、社会团体和个人等社会力量同样是乡村档案文化建设过程中可以依靠的重要力量。蒋国勇、易涛认为，"已有的乡村档案文化建设实践表明，坚持以政府为主导，以档案和文化部门为技术支撑，以乡镇为依托，以村为重点，以乡村档案文化为对象的基本运行模式符合我国乡村发展的实际状况。但是，这种完全

---

① 临汾市尧都区人民政府办公室关于印发《尧都区"乡村文化记忆工程"2019年推广工作方案》的通知（尧区政办发〔2019〕31号），2019年6月19日。
② 厦门市档案局（馆）. 乡愁的寄托——厦门市"乡村记忆档案"示范项目建设资料汇编[M]. 厦门：内部资料，2018：5-21.

依靠政府主导的运行模式也存在着诸多的弊端,需要民间力量的引导和参与"[1];大卫·E.比尔(David E. Beel)等人认为,志愿者劳动的"自下而上"作用可以成为农村地区建设更具弹性社区的催化剂[2]。因此,乡村档案文化建设可以通过鼓励社会力量的参与多渠道筹措项目建设资金、征集档案资源,可以引入相关方面专家成立专家咨询指导委员会,提供总体技术指导和战略决策咨询,也可以通过购买服务等外包甚至众包方式开展实体建档、数字化加工、整理建库、村史编纂等工作,还可以通过与各类新闻媒体合作开展广泛宣传等。如山东诸城市村办企业得利斯公司代管得利斯村档案,解决了村档案保管硬件条件薄弱的问题,同时得利斯公司还利用档案资料组织编写了《得利斯村志》等著作,成为得利斯村档案文化建设最重要的承担主体[3];常州新丰苑社区的一群老人自发成立了社区公益社会组织"和之源·村史文化研究协会",他们开展走访宗祠、拜访老人等各项活动,搜集整理乡村实物和图文档案资料,深入挖掘和保护原村史文化,并与新丰苑社区及设计公司合作建成了村史档案馆[4]。再如,集美区田头村通过向集美大学文学院购买服务的方式,聘请文学院课题组参与编著《田头记忆》,提升书籍编辑含金量,鹰坑谷民俗文化园也为"田头乡村记忆馆"提供了大量民俗展品[5];浙江"千村档案"项目开展过程中,不少地区聘请专业机构和人员,以服务外包的形式开展数据建库工作(见图4-1),取得了良好成效。山东省人民政府办公厅《关于促进非国有

---

[1] 蒋国勇,易涛. 社会认同视野下乡村档案文化建设的困境与突破[J]. 档案学研究,2014(3):38-41.
[2] BEEL D E, WALLACE C D, WEBSTER G, et al. Cultural resilience: The production of rural community heritage, digital archives and the role of volunteers[J]. Journal of Rural Studies, 2017, 54(5):459-468.
[3] 王增强. 社会认同视野下乡村档案文化建设主体构成探析[J]. 云南档案,2017(4):46-48,56.
[4] 邱北海,赵明霞. 担负历史使命 守护乡村记忆——常州新丰苑社区村史档案馆创建纪实[J]. 档案与建设,2016(12):69-71.
[5] 厦门市档案局(馆). 乡愁的寄托——厦门市"乡村记忆档案"示范项目建设资料汇编[M]. 内部资料,2018:5-21.

博物馆发展的意见》（鲁政办发〔2015〕22号）指出，"鼓励各地采取公建民营、民办公助、政府购买服务、免息贴息贷款等多种方式，引导和支持社会力量参与非国有博物馆建设"，同理，也可以采取同样的方式引导和支持社会力量参与乡村记忆档案馆的建设，如在山东青州九龙峪旅游度假区内，山东九龙峪旅游有限公司投资建设了一座陈毅纪念馆（见图4-2），起因是1947年陈毅元帅在景区所在地指挥了临朐战役，为缅怀陈毅元帅的丰功伟绩，九龙峪景区于2015年在围子山山脚下建立陈毅纪念馆，纪念馆采用北方传统农家四合院的形式，分为陈毅元帅生平展室、临朐战役作战指挥展室、临朐战役事迹展室以及红色映像厅四个展室，展览通过大量的图片、实物、地图、声像等档案材料展示了陈毅的生平事迹及临朐战役的概况，有力推动了乡村红色旅游的开展。

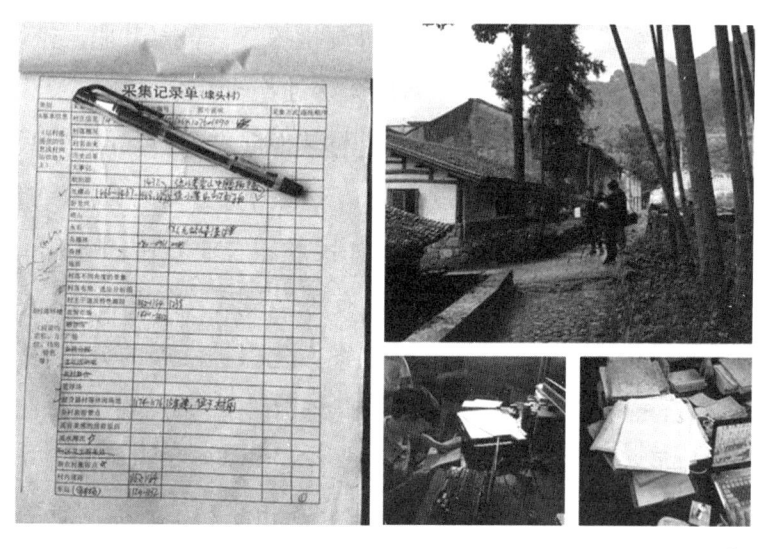

图4-1 浙江省永嘉县聘请专业人员采集村落历史要素并扫描档案资料[1]

---

[1] 浙江省档案局. 千村档案：全面保护村落历史文化档案资源的创新实践［EB/OL］. 浙江档案，2021-03-12.

图 4-2　山东青州陈毅纪念馆①

三、乡村档案文化建设各参与主体的角色关系

如果各级党委和政府作为领导方，是乡村档案文化建设的主导者，与档案主管部门、政府其他涉农部门、村级组织、村民之间是领导和被领导关系，各方在各级党委和政府的统筹协调指挥下，各司其职，密切配合，协同开展乡村档案文化建设。

如果各级档案主管部门是领导方或与其他涉农部门共同作为领导方，需要积极争取同级党委政府在人力、财力、物力等方面的支持，档案主管部门与政府其他涉农专业主管部门（如民政、农业农村、财政、文化旅游、住建、党史办等部门）在业务上具有协作关系，应找准切入点，主动加强沟通协调，相互配合，建立乡村档案文化保护发展的分工协作机制，通过联合发文、召开现场会议、指导检查与调研、考评验收、总结表彰等方式，更好地了解乡村保护工作动态，整合共享档案信息，加强对乡村档案文化建设的监督指导，形成齐心协力、互相联动、齐抓共管的工作格局。如贵州省黔东南州档案局馆联合住建局多次研究并征求多方意见，制定了《黔东南州传统村落档案管理办法（试行）》，为全州传统村落档案

---

① 青州九龙峪旅游度假区. 九龙峪"陈毅纪念馆"，元帅故地迎七一 重温誓词忆初心［EB/OL］.（2020－06－27）［2021－04－13］. https：//mp. weixin. qq. com/s/UyEfLpGYQLtP4lmpSJW4Ag.

工作的开展指明了方向。①

各级档案主管部门对村级组织负有监督指导责任，应定期沟通协调，跟踪建设进度，加强全程协助、规范、指导与培训，可以通过签订《乡村档案文化建设协议书》的形式将建设目标、建设方案、工作内容（如档案收集与整理、库房建设、档案管理制度建设、展览场地建设、档案编研开发、信息化建设、拍摄宣传片等）、双方职责分工、权利义务、进度安排等事项予以明确。

政府其他涉农部门与档案主管部门在乡村档案文化建设业务上具有支持协作关系，应承担起相应责任，为乡村档案文化建设提供相关材料和支持。如厦门市集美区档案局与集美区"美丽厦门缔造办公室"沟通协调，专门制定《厦门市集美区档案局关于开展田头村"乡村记忆档案"示范项目建设的方案》，纳入"共同缔造"一揽子项目，项目建设有计划、按步骤有序推进。政府其他涉农部门对村级组织在乡村档案文化建设业务上负有监督指导职责。

村级组织在业务上接受乡镇人民政府、档案主管部门、民政部门、农业部门和相关部门的监督和指导。

社会力量与党委政府、档案主管部门、政府其他涉农部门、村级组织等之间是自愿的平等合作关系，社会力量在乡村档案文化建设业务上接受档案主管部门、政府其他涉农部门、村级组织的监督指导。

---

① 吴岳鸿. 繁荣乡村文化 留住乡愁记忆——贵州省黔东南州加强传统村落档案工作纪实[N]. 中国档案报，2019-04-08（3）.

第五章 山东乡村档案文化建设的对象分析

山东乡村档案文化建设的对象是山东省内具有文化价值的乡村档案（以下统称乡村档案），乡村档案是寄托乡情、留住乡愁的重要载体。本章将在结合山东省具体实际并借鉴国内外先进经验的基础上，以档案学理论为指导，从乡村档案的资源建设与开发利用两个层面对山东省乡村档案文化建设对象展开系统分析，从对象视角总结探讨山东乡村档案文化建设的具体制度标准、操作规范和实施路径。乡村档案的资源建设和开发利用是相辅相成的两个环节。乡村档案资源建设是开发利用的基础和前提，如果没有齐全、完整、真实、系统的乡村档案，乡村档案的开发与利用就是空中楼阁。如果只保管乡村档案而不开发利用，那么乡村档案的价值就无法实现，乡村档案文化建设便成空谈。

第一节 乡村档案的资源建设

山东省乡村档案资源建设应符合《村级档案管理办法》的规定，遵循档案资源建设的一般要求和规范，通过对乡村档案的收集、整理、鉴定、保管和信息化等工作环节及一系列制度规范的保障，建立真实准确、完整系统、丰富特色的乡村档案资源体系。

一、乡村档案的收集

乡村档案的收集是乡村档案资源建设的第一步，也是关系到乡村档案资源丰富与否的关键环节，乡村档案收集应坚守乡村特色，反映乡村风情，通过制度建设保证收集质量，确保各种门类、各种载体的文件材料收集齐全。收集途径和来源主要分为村级组织文件的立卷归档、乡村档案征集以及乡村文化遗产调查建档三种方式。

（一）村级组织文件的立卷归档

村级组织档案是村级组织在党组织建设、村民自治、生产经营等活动中形成具有保存价值的文字、图表、音像等不同形式和载体的历史记录，村级组织的许多档案具有重要的历史文化价值，是乡村档案收集的主体，应按照《档案法》《档案法实施办法》《村级档案管理办法》（国家档案局第12号令，详见附录）等法律法规和行政规章的要求，依法立卷归档，《村级档案管理办法》第七条明确规定，"村级组织形成的具有保存价值的文件材料，均应当按照要求规范整理后归档，任何组织和个人不得据为己有或者拒绝归档。"《村级档案管理办法》的附件明确了《村级文件材料归档范围和档案保管期限表》，县级档案主管部门可以据此制定符合本地实际的《村级文件材料归档范围和档案保管期限表》，村级组织应以此为依据开展归档活动，保证归档内容齐全完整。

《村级文件材料归档范围和档案保管期限表》将村级文件材料归档范围总结为文书类、基建项目类、设施设备类、会计类和照片类五大类，其中，文书类又分为党群组织工作文件材料、村务管理文件材料和村级集体经济组织经营管理文件材料三个小类，其他大类也进行了详细细分，该归档范围较为详细全面地概括了村级组织应当归档的重要文件材料。纵观这一归档范围，不难发现，许多村级文件的价值是多方面的，例如，文书类的党群组织工作文件材料，既是乡村党组织建设管理的重要记录，同时也反映了乡村在基层党组织领导下艰苦奋斗、干事创业的历史进程，同样具有重要的历史文化和教育价值。因此，笔者认为在乡村档案文化建设过程中，没有必要从村级组织归档保存的档案中单独列出"文化类"(《村级档案管理办法》也没有这样做)，也没有必要从现有类目中挑选区分出哪些档案具有文化价值，哪些没有文化价值，这本身也是很难判断区分和操作的，而且这也违背了档案整理的来源原则，最恰当的办法是严格按照《村级文件材料归档范围和档案保管期限表》以及相应类别档案的管理办法进行立卷归档和分类整理，仅仅在后文乡村档案的文化开发和利用过程中，根据开发利用需要对村级组织档案进行选择和挖掘即可。

(二) 乡村档案的征集

村级组织通过立卷归档收集的乡村档案毕竟是有限的，大量具有文化价值的珍贵乡村档案散落保存在档案馆、政府部门、企事业单位、乡镇、社会组织或个人手中。因此，各级档案部门和村级组织应根据自身特色确定征集范围，编制征集方案，上下联动，协同合作，及时面向社会各类机构和个人，广泛全面地征集和整合具有较高保存价值的、反映乡村特色和历史文化变迁的乡村档案，例如，浙江省在开展"千村档案"建设工作中就注重全面收集整合档案馆、政府部门、乡镇、村、社会组织以及个人等各方面形成的反映村落历史文化的原始基础材料，包括档案馆馆藏的有关村落的档案资料，农办部门在历史文化村落保护利用项目等工作中形成的材料，住建部门在历史文化名村、传统村落申报工作中形成的材料，文化部门的非物质文化遗产登记资料和文物普查登记资料等，社会组织及个人保存的有关村落的文字、图片和声像等材料，通过县、镇、村三级协同合作，把散落各方、孤立割裂的村落历史文化档案资源聚合起来，完整呈现出村落的整体风貌。下面对乡村档案的具体征集范围和要求简述如下：

1. 具体征集范围

(1) 关于本村的正式出版物和非正式出版物，如图册、画册等；

(2) 反映本村自然人文的纸质照片、数码照片、录音录像等材料原件，如村落环境、自然风光、古树名木、村落建筑、文化遗存、非物质文化等方面的照片，反映村民文娱活动的视频等；有典型代表意义的村民家庭合照，如在不同年代拍摄的家庭合照、集体照等；能够反映不同年代村庄发展轨迹的纸质照片、数码照片和录音、录像等材料原件，如村民不同年代日常生活、生产场景的照片；能够反映传统文化和特定历史时期面貌的生活、生产器具的照片，如传统家具、传统农耕用具等；

（3）票据、契约、旧地契、土地房产所有证、分家书、婚书、老地图、信函、拓本、手抄本、手稿、家谱族谱、名人工作笔记等各种内容的纸质文献资料；

（4）本村向农业部门、住建部门、文化部门等有关部门申报各种项目过程中形成的资料，如本村的档案和资料（各级档案馆），历史文化村落保护利用项目等工作中形成的材料（农业部门），历史文化名村、传统村落申报工作中形成的材料（住建部门），非物质文化遗产登记材料、文物普查登记材料（文化部门）等；

（5）实物档案（县级及县级以上政府部门和有关机构颁发给本村的奖牌、奖章、奖杯、证书以及牌匾、印章、石碑木刻、旗帜等）；

（6）其他关于本村的资料复印件、翻拍本等，如县志、镇志上有关该村的篇幅、诗集上有关该村的内容（包括封面、目录及相关页面）。

2. 征集要求

（1）征集载体可以包括纸质档案、实物档案、电子档案、声像档案等；

（2）征集方式应多样化，通过设立档案征集基金、捐赠、购买、复制、代管等多种方式建立征集激励机制；

（3）征集的档案应求真求实，来源合法，产权应明确且不存在权属纠纷；

（4）纸质材料的新旧版本都要征集，电子版或扫描件尽量一起征集，两种形式的资料要完全一致；

（5）纸质资料要有简要文字描述，如形成时间、版本、所属者、特殊的人文价值等；

（6）照片应对所拍摄对象进行简要文字描述，如拍摄方位、对象名称、对象功能、照片拥有者等，并注明拍摄时间、拍摄者。

（三）乡村文化遗产的调查与建档

上述村级组织档案的立卷归档和乡村档案的征集是对已有的乡村档案的有效集中，但这并不是乡村档案收集工作的结束，因为许多乡村文化遗产并没有建立档案，对这批乡村文化遗产进行建档收集是乡村档案的重要来源。因此，档案部门和村级组织要主动出击，通过调查为没有建档或者建档不足的乡村文化遗产建立齐全完整的档案，这是乡村档案收集工作的有力补充。

山东省《关于实施"乡村记忆工程"的通知》（鲁文发〔2014〕61号）明确提出，"加强文化遗产的抢救性记录工作，建立档案和相关数据库"，对乡村文化遗产进行调查建档既是一项重要的抢救保护措施，又是传承乡村文化遗产的工具和手段，同时也是乡村档案的重要来源。乡村文化遗产的具体调查范围应包括档案馆、政府部门、乡镇、村、社会组织及有关个人，在调查过程中，通过访谈、拍摄照片、文字记录、录音录像等实体建档以及电子文档、数字声像档案、传统载体档案数字化、建设档案数据库的数字建档形式，对村落环境、自然风光、乡村文化遗产（如俗语方言、古树名木、传统建筑、文化遗存、其他非物质文化遗产等）、村落及家庭记忆（革命战争、人民公社、自然灾害等较为重大历史事件口述档案等）以及乡村历史发展进程、社会变迁及典型村民（如和美家庭、长寿老人等）予以全方位建档，记录乡村的多样性原生态信息，可以帮助档案部门和乡村盘清乡村历史文化遗产的家底，有力丰富乡村档案的内容和形式，为乡村档案的文化开发和利用奠定基础。如2016年，浙江省档案部门开展"千村档案"建设工作，全面开展1306个历史文化村落档案资源建库工作，将反映村庄风土人情的一批文字、图片、声像以结构化数据形式建档[1];2017年,陕西省铜川市档案部门在全市开展"村庄记忆"推广工作,全市4个区县档案部门共拍摄照片10.31万张,冲洗照片2.29万张[2];2018年,浙江省湖州市档案局完成全市44个古村落档案信息采集和数据库建设工作,得到省档案局馆充分肯定[3]。

  乡村文化遗产的调查与建档并非无目的地漫天撒网和采集,需要建立基本的调查框架和大纲。然而,"国内实施的传统村落建档项目中,规范性与统一性原则执行相对乏力"[4],目前没有一个统一的国家或者行业标准规范,但以往中国传统村落的调查建档和浙江"千村档案"工作的调查建档实践为我们提供了很好的参考。2013年,住房和城乡建设部、文化部、财政部《关于做好2013年中国传统村落保护发展工作的通知》(建村〔2013〕102号)明确提出,"要尽快组织对第一批已列入中国传统村落名录村落的科学调查,完成中国传统村落档案的制作。科学调查应严格按照中国传统村落档案制作要求进行"。《中国传统村落档案制作要求》中列出了《中国传统村落档案总目录》(见表5-1),调查建档内容涵盖了村落基本信息、村域环境、传统村落选址与格局、传统建筑、历史环境要素、非物质文化、文献资料、保护与发展基础资料、其他补充材料及说明九个大类,并且列出了每个大类的具体小类,较为详细全面。2016年,浙江省档案局、浙江省农业和农村工作办公室和浙江省财政厅联合发布《关于开展"千村档案"建设工作的通知》(浙档发〔2016〕13号,见附录文5-2),要求各乡村对照《村落历史文化信息资源建档框架》(《通知》附件1)(见表5-2)进行调查与建档,该框架包括基本信息、村落环境、村落建筑、历史要素、民俗文化、文献资料、人物事件、保护与发展八个方面,与《中国传

---

[1] 赵真,夏振华,周坚,等. 美丽乡村建设档案工作助推乡村振兴战略实施[N]. 中国档案报,2018-07-23(3).
[2] 白志清. 陕西铜川 齐心协力留住"村庄记忆"[N]. 中国档案报,2018-01-08(2).
[3] 张楼岩,顾琪琪. "绿水青山就是金山银山"——浙江省湖州市"美丽乡村记忆工程"建设实践[N]. 中国档案报,2018-04-16(3).
[4] 任越. 论我国传统村落文化建档的实践诉求与现实困境[J]. 档案学研究,2018(2):79-84.

统村落档案总目录》的分类大同小异，但建档内容更为详细具体，而且在"F 文献资料"大类中将"1. 村志、宗谱，5. 村档案室保存的能够反映村庄发展轨迹的有关档案资料：如早期的收支账簿、生产学习资料等，6. 其他零散资料：如地图、契约、票据等"这些档案元素囊括在内，显得更加全面专业，此外，框架还给出了具体的建档提示，包括收集渠道、载体形式和要求、文字描述内容要求等。因此，笔者认为，山东省乡村文化遗产调查建档内容可以将浙江省的《村落历史文化信息资源建档框架》作为基本参考，结合自身实际进行适当调整，建立山东省乡村文化遗产的调查建档框架并细化建档内容，形成可以推广的建档模板。值得指出的是，在具体建档过程中，并非要按照这个框架对所有类别的档案进行重新建档，而应先把前述村级组织立卷归档的档案和征集到的档案填充到框架中，从而梳理出缺失部分，然后据此对缺失部分开展补充建档即可。关于这一点，浙江省杭州市淳安县档案局、淳安县农业和农村工作办公室《关于开展"千村档案"建设工作的通知》的附件4：《"千村档案"资料收集工作要求》（2018年3月20日，见附录文5-3）是一个可资借鉴的好做法，关于在基层乡村里的档案资料收集范围，他们详细列出了：需要村两委提供的资料、需要村两委向村民征集的资料、需要村两委组织人员协助补充收集的资料清单，更加明确了各村档案征集和建档工作的内容，而且这种分类也正好与本节上面所阐述的乡村档案收集的三个途径和来源相吻合。

表 5-1　《中国传统村落档案总目录》

序号	题名	内容	形式	数量	备注
1	村落基本信息	村落基本信息表	文档	页	
2	村域环境	村域环境分析描述	文档	页	
		村域环境分析图	图纸	张	
		村域环境照片册页	照片	张	

续表

序号	题名	内容	形式	数量	备注
3	传统村落选址与格局	传统村落选址与格局描述	文档	页	
		传统村落选址与格局分析图	图纸	张	
		传统村落选址与格局照片册页	照片	张	
4	传统建筑	传统建筑基本信息表	文档	页	
		传统建筑分布图	图纸	张	
		传统建筑登记表	文档	个	
		传统建筑照片册页	照片	张	
		重要传统建筑测绘图	图纸	张	
5	历史环境要素	历史环境要素基本信息表	文档	页	
		历史环境要素分布图	图纸	张	
		历史环境要素登记表	文档	个	
		历史环境要素照片册页	照片	张	
		古树名木登记表	文档	页	
		重要历史环境要素测绘图	图纸	张	
6	非物质文化	非物质文化遗产代表性项目登记表	文档	个	
		非物质文化遗产代表性项目照片、录音或录像册页	照片	张	
			录音	个	
			录像	个	
		其他非物质文化项目登记表	文档	个	
		其他非物质文化项目照片、录音或录像册页	照片	张	
			录音	个	
			录像	个	
7	文献资料	古书籍	图书	册	
		当代正式出版物	图书	册	
		论文等	文档	篇	
		复印、翻拍件等	文档	页	
		拓本、摹本等	拓片	张	
		其他材料			

续表

序号	题名	内容	形式	数量	备注
8	保护与发展基础资料	村落人居环境现状表	文档	个	
		村落人居环境现状照片册页	照片	张	
		保护管理现状表	文档	份	
		规划文本和行政管理文件	文档	份	
		其他材料			
9	其他补充材料及说明				

表5-2　浙江省《村落历史文化信息资源建档框架》

类别	建档内容	建档提示
A. 基本信息	1. 村落名称、地理信息、形成年代、地形地貌、村落面积、人口数量、主要民族、经济收入等基本信息	收集村落向农办、住建等部门上报的材料
	2. 村落概况、村名由来、历史沿革、大事记等	以村落提供的文字为主
B. 村落环境	1. 村落全貌：如村落鸟瞰图、航拍图等	以照片为主；文字描述应说明方位、名称等
	2. 村落与自然关系：如与村落选址和发展紧密相关的山脉、水系、森林、地质等	
	3. 村落不同角度的景象	
	4. 选址格局	收集有关部门现已制作形成的图片资料
	5. 主要街巷：如传统轴线、主干道、商铺街等	以照片为主；文字描述应说明方位、名称、功用等
	6. 公共空间：如晒谷场、广场等	
	7. 自然风光：如有特色的自然风光、景观或者名胜	
	8. 人居环境：如交通状况、居住条件、公共服务等	
C. 村落建筑	1. 公共建筑：如庙宇、祠堂、戏台、书院等	以照片为主，包括建筑外部、内部以及局部细节；文字描述应说明建筑位置、建成年代、历史功能、产权归属等
	2. 居民建筑：包括传统民居、普通民居	
	3. 传统作坊：如造纸坊、染坊、打铁铺等	
	4. 其他：村部办公场所、工厂企业、学校、诊所、主要商铺等	

续表

类别	建档内容	建档提示
D. 历史要素	1. 反映村落历史风貌、构成村落特征的要素：如塔桥亭阁、井泉沟渠、壕沟寨墙、堤坝涵洞、石阶铺地、码头驳岸等	以照片为主；文字描述应说明历史要素的名称、形成时间、功用等信息
	2. 祖宗牌位、画像	
	3. 碑刻、匾联、墙体标语	
	4. 古树名木	
	5. 传统产业遗存、历史上建造的用于生产、消防、防盗、防御的特殊设施等	
E. 民俗文化	1. 生活场景：当地特有的生活物品、饮食、服装、交通方式等	以照片、视频为主；文字描述应说明场景、物件或者活动的名称、时间、特点等信息
	2. 生产方式：当地特有的农、林、副、渔等生产场景及生产工具，当地主要经济产业的生产场景	
	3. 民俗活动：具有地方特色的庙会、迎新、祈福、婚嫁、丧葬等节庆仪式和活动，也包括村民的文体活动和娱乐活动	
	4. 口头文学：包括历史传说、神话典故、革命故事等口头文学，以及本地流传的方言、谚语、俚语、民歌、民谣、戏曲	以文字、扫描形成的电子文档或图片为主；文字描述应说明形成时间、作者等信息
	5. 特产工艺：当地出产的土特产品、手工制品	以照片为主；文字描述应说明特产工艺的名称、特点、制作过程等信息
	6. 非物质文化遗产	以照片、视频为主；文字描述应说明该非物质文化遗产的名称、特点、制作过程、传承人等信息
	7. 村民的书法、美术、雕刻等作品	以照片为主，文字描述应说明该作品的名称、作者、形成时间等信息

续表

类别	建档内容	建档提示
F. 文献 资料	1. 村志、宗谱 2. 正式出版物：以本村内容为主的各类正式出版的书籍 3. 非正式出版物：如画册、图册等 4. 其他与村落有关的报刊、论文、出版物、音像等资料：如有关村落新闻报道的报纸、吟咏村落风物的诗集（有部分涉及的）等 5. 村档案室保存的能够反映村庄发展轨迹的有关档案资料：如早期的收支账簿、生产学习资料等 6. 其他零散资料：如地图、契约、票据等	以扫描形成的电子文档或图片为主，文字描述应说明文献资料名称、形成时间、作者、出版社或其他有价值的信息
G. 人物 事件	1. 普通村民（具有代表性的）、古今重要人物、典型模范	以照片为主，可为单人照、家庭合照，应注明人物身份、年龄及家庭成员关系；对于古今重要人物、典型模范应描述其主要事迹；具备条件的，可按口述历史档案建档标准建立文字和音频、视频记录
	2. 对本村发展变迁有重大历史意义的事件	以文字为主，辅以照片；具备条件的，可按口述历史档案建档标准建立文字和音频、视频记录
H. 保护与 发展基 础资料	1. 既有保护管理机构、规章制度、行政管理文件、乡规民约等；既有保护工程实施情况、保护资金等情况 2. 已公布的村庄规划、保护发展规划、产业规划、旅游规划、道路交通规划、资源利用规划等规划成果 3. 人口、用地性质、交通状况、经济状况、基础设施和公共服务设施等社会环境	以扫描形成的电子文档为主；收集村民自治章程、村规民约、村民代表会议制度、财务管理制度等文件材料；收集有关部门针对村落已形成的规划、方案等材料；收集其他村落发展综合性文字材料

二、乡村档案的整理

乡村档案收集工作完成后，下一步就是对所收集的乡村档案开展序化整理工作，乡村档案整理是乡村档案资源建设的核心，乡村档案整理的质量直接关系到乡村档案文化建设的层次和水平。

根据前述乡村档案收集的来源，乡村档案整理也需要分情况开展。如果是村级组织文件，只需按照《村级档案管理办法》的要求开展整理即可。如果是征集的乡村档案以及乡村文化遗产调查建档形成的档案，则需要按照重新编制的整理方案开展整理工作。关于这一点，实践中一些地区的做法也是按照这个思路开展的，如贵州省黔东南州根据《黔东南州传统村落档案管理办法（试行）》列明的传统村落文件材料的归档范围，申报传统村落的材料统一按照《中国传统村落档案制作要求》集中整理、归档；而传统村落的党群组织、村民委员会所产生的材料、凭证，依然按照《黔东南州村级档案管理办法》整理归档[①]。下面将分别阐述。

（一）村级组织档案的整理

《村级档案管理办法》第八条明确规定，村级档案一般包括文书、基建项目、设施设备、会计、音像、实物等类别。各类文件材料整理方法和归档时间如下：

1. 文书类应当按照《文书档案案卷格式》（GB/T 9705-2008）或者《归档文件整理规则》（DA/T 22-2015）的要求进行整理，于次年上半年归档。

2. 基建项目类应当按照《科学技术档案案卷构成的一般要求》（GB/T 11822-2008），并参照《国家重大建设项目文件材料归档要求与档案整理规范》（DA/T 28-2002）的有关规定及时整理归档。

3. 设施设备类应当在开箱验收后即时归档，使用维修记录等按照《科

[①] 吴岳鸿. 繁荣乡村文化 留住乡愁记忆——贵州省黔东南州加强传统村落档案工作纪实[N]. 中国档案报，2019-04-08（3）.

学技术档案案卷构成的一般要求》进行收集管理。

4. 会计类应当按照《会计档案管理办法》（财政部、国家档案局令第79号）的要求进行收集整理，在会计年度终了后于次年3月底之前归档。

5. 照片应当按照《照片档案管理规范》（GB/T 11821-2002）、《数码照片归档与管理规范》（DA/T 50-2014）整理，由拍摄者在拍摄后1个月内将照片原图连同文字说明一并归档。

6. 电子文件应当按照《电子文件归档与电子档案管理规范》（GB/T 18894-2016）收集归档并管理。

7. 实物和其他门类按照档案工作有关规定及时归档。

实际工作中，福建省厦门市翔安区档案局在指导马塘村开展"乡村记忆档案"示范项目建设时，首先指导制定了马塘村档案分类方案。文书档案采用年度—问题—保管期限分类法，按照《文书档案案卷格式》（GB/T 9705-2008）采取以"卷"为单位的整理方式对归档文件进行整理归档。同一年度同一保管期限的文件按问题相对集中组织案卷，再区分保管期限按照年度分别编制案卷号，编制了案卷目录和文件级目录等检索工具。[①]再如，厦门市集美区档案局组织力量规范整理各门类档案，共整理档案总数727卷（盒）（1958—2016），其中：文书档案286卷（1958—2016），会计档案（2012—2016）10卷，基建档案27盒，户籍档案（1964—1978）38卷，土地承包档案42卷，农协会档案25卷，计生档案396卷，基本实现档案全文数据化，共产生目录数据5000余条，扫描并挂接档案页面21351幅页[②]。

（二）征集和调查建档形成的乡村档案的整理

由于征集的乡村档案和对乡村文化遗产进行调查建档形成的档案内容

[①] 厦门市档案局（馆）. 乡愁的寄托——厦门市"乡村记忆档案"示范项目建设资料汇编[M]. 内部资料, 2018：34-38.

[②] 厦门市档案局（馆）. 乡愁的寄托——厦门市"乡村记忆档案"示范项目建设资料汇编[M]. 内部资料, 2018：5-21.

存在大量重合，因此可以将两者集中到一起开展整理工作，并制定专门的乡村档案整理方案。

1. 分类与立卷

分类与立卷是档案整理的核心，乡村档案的分类与立卷应根据实际制定具体方案，具体类目可依浙江省《村落历史文化信息资源建档框架》列出的八个一级大类为分类立卷依据，即将乡村档案按照八个大类分别设立：A. 基本信息卷、B. 村落环境卷、C. 村落建筑卷、D. 历史要素卷、E. 民俗文化卷、F. 文献资料卷、G. 人物事件卷、H. 保护与发展基础资料卷，然后将所收集的乡村档案根据所属类别按照一定顺序放入到相应案卷类目中。

2. 编目

乡村档案立好卷后，下一步工作便是通过档案编目工作将各个案卷中的档案顺序予以固定，乡村档案的编目工作包括编页码、填写备考表和案卷封面（见表5-3）、编制档案号、填写脊背标签、编制卷内文件目录（见表5-4）等工作。其中，乡村档案号包括全宗号、案卷号、件号组成。根据《中国传统村落档案制作要求》的档案编号规则，乡村档案的具体编号可以按照以下方式进行：

全宗号由所在地县级人民政府行政区划代码+序号（三位数）构成，序号从001开始依次往下编，如：370781-001、370781-002……

案卷号可以根据案卷类目名称首字母大写来表示，如B. 村落环境卷可以表示为"HJ"，具体案卷编号参考如下：A. 基本信息卷（XX）、B. 村落环境卷（HJ）、C. 村落建筑卷（JZ）、D. 历史要素卷（YS）、E. 民俗文化卷（MS）、F. 文献资料卷（WX）、G. 人物事件卷（RW）、H. 保护与发展基础资料卷（BF）；

件号可用所属案卷类目首字母加上三位数序号表示，序号从001开始依次往下编，如HJ001、HJ002……

照片编号规则为各类传统资源编号加上"P"及照片序号（三位数），

如对某个村落环境的照片编号为 HJ001-P001，对某个历史要素的照片编号为 YS001-P001。该照片编号也作为照片电子版的文件名。

表 5-3 乡村档案案卷封面

密级：档号：

保管期限：

X X 村
乡 村 档 案

案卷名：<u>村落建筑</u>

所属镇（乡）：

所属县（区、市、旗）：

所属市（地区、州、盟）：

所属省（自治区、直辖市）：

立档负责单位（盖章）：

立档负责人签字：

建档日期：　　年　月　日

表 5-4 卷内文件目录

档号：								
序号	文件编号	责任者	题名	数量	日期	密级	页数	备注

三、乡村档案的鉴定

档案鉴定是鉴别档案价值大小、确定档案存毁及保管期限的业务活动。由于乡村档案的来源主要分为三种，因此，对于乡村档案的鉴定要分别进行。

(一) 村级组织档案的鉴定

村级组织档案的鉴定包括归档鉴定、划定保管期限的鉴定和到期鉴定三个方面。关于归档鉴定和划定保管期限应根据《村级档案管理办法》附件中的《村级文件材料归档范围和档案保管期限表》来开展，其中，文书类档案的保管期限为永久、30年和10年，基建项目类档案保管期限为永久和长期，设施设备类档案保管期限均为长期，会计类档案分为永久、30年和10年三个期限，照片类档案均为永久保管。具体鉴定标准"要考虑其内容的独特性、形成的时效标准、形式特征标准、相对价值标准等"[1]。

《村级档案管理办法》第十三条规定，销毁已达到保管期限的档案时，应当成立档案鉴定工作小组及时进行鉴定。鉴定工作小组由村级档案管理人员和形成档案的村级组织的人员（或者村民代表）组成，鉴定后应当形成档案鉴定报告。对失去保存价值的档案，应当清点核对并编制档案销毁清册，经过必要的审批手续后按照规定销毁。禁止擅自销毁档案。村级档案销毁清册应当永久保存。

(二) 征集和调查建档形成乡村档案的鉴定

无论是乡村档案征集还是乡村文化遗产调查建档，均应成立征集指导委员会和调查建档指导委员会，委员会成员应包括村级档案管理人员、村级组织人员、文化遗产保护专家、村民代表等，尤其应注重"价值判断的村民维度"[2]，综合确定征集标准和调查建档的内容和标准，不能没有标准的盲目征集和建档，征集乡村档案或对文化遗产进行调查建档时应进行征集鉴定和调查鉴定，确定档案的真伪和保存价值，鉴定文化遗产的年代、工艺，做好分类、定名、定级工作。鉴于乡村文化的永续传承性和这两部分档案的珍贵历史文化价值，一般来说，征集和调查建档形成乡村档案均

---

[1] 王云庆，韩桐. 我国传统村落档案管理路径探析 [J]. 浙江档案，2014 (6)：50-51.
[2] 王萍，满艺. 以村民为主体的传统村落文化建档策略研究 [J]. 档案学通讯，2018 (5)：73-77.

应永久保存。

四、乡村档案的保管

乡村档案保管工作是乡村档案工作的底线，它是指"根据档案的形成材料和保管状况，采取专门的技术措施，最大限度地防止和减少档案的损毁，延长档案的寿命，维护档案的实体安全和信息安全的行为过程"[1]。一般来说，乡村档案应集中保存在乡村综合档案室内，按照《村级档案管理办法》的相关规定来开展，相关条款具体包括：

第九条　档案制成材料和装订材料应当符合档案保护的要求。

第十条　档案库房应当采取防火、防盗、防水（潮）、防光、防尘、防磁、防高温、防有害生物等措施。

档案管理人员应当定期检查档案的保管状况，确保档案安全。对音像档案和电子档案，要定期检查信息记录的安全性，确保档案可读可用。

第十一条　不具备档案安全保管条件的，应当将档案交由乡镇档案机构代为保管，村级组织可以保存档案目录等检索工具以方便利用。

此外，乡村档案保管还应明确分管领导，具体责任到人，在上级档案部门的指导下，制定乡村档案保管和保密等工作制度，加强档案保管场所和设施设备建设，改善乡村档案管理条件，尽量做到档案室、查档室和办公室三者分开，使用标准档案盒装盒，配置密集架、档案柜、空调、除湿机、灭火器、铁窗、电脑、打印机等必备设施，严防档案损毁和失密泄密事件发生，确保档案实体和信息数据的绝对安全。例如，2016年，在厦门市"乡村记忆档案"示范项目建设过程中，集美区灌口镇田头村在省专项经费下达后，在区档案局指导下，立即着手完善村委会办公楼的档案室硬件设施。经过两个多月的改造，建成档案标准化库房31 m^2，安装档案装具密集架18 m^2，配备灭火器、防磁柜、除湿机、温湿度计、空调、办公桌、电脑、打印机、扫描仪、档案管理软件等档案专用设施设备，安装档

---

[1] 王改娇，张辉，宗艳芹. 农村档案管理［M］. 北京：中国社会出版社，2010：130.

案室遮光窗帘、防火门，档案工作各项管理制度挂在醒目位置，初步完成了村档案室规范化建设，实现了乡村记忆档案的安全保管。①

五、乡村档案的信息化

除了做好乡村档案的实体管理，还应顺应网络信息社会的时代要求，加强乡村档案的信息化建设工作，提升乡村档案管理的信息化水平，提高管理效率和质量，推进乡村档案资源的信息共享和传播。

《村级档案管理办法》第十四条规定，"村级档案工作应当积极推进档案信息化建设，配备必要的设施设备和档案管理软件，建立档案电子目录和全文数据库，逐步实现档案的信息网络共享。"乡村档案的信息化建设应按照上述规定来开展，有条件的村民委员会应将乡村档案信息化建设纳入村信息化建设内容，配备乡村档案管理软件等信息化设备，购置档案智能管理系统，对乡村中具有文化价值的图片、录音、录像、文本等传统载体档案进行全文数字化扫描加工，通过元数据著录和数字资源挂接建设本村档案文件级目录数据库和数字资源库，建设村级数字化档案馆，从而有效保护原始档案，实现乡村档案信息的共享利用，增强村民幸福感。实践中，浙江省"千村档案"建设工作的重点和核心便是建构"一村一档"形式的村落档案数据库。它们对数字化加工形成的村落历史文化信息数字资源进行分类、整理和编目，录入"千村档案"数据管理系统（该软件由省档案局统一制作下发）。建库工作以单个村落为基本单位，对现有的涉及该村落的数字资源进行编目和挂接，尽量完整填写数字资源的标题、责任者、形成时间、文字描述等基本著录要素，并做好该数字资源与相关数字资源之间的关联标记。各地建库工作完成以后，根据统一安排，向省档案局上报数据②。至2019年年底，"千村档案"建设工作全面完成，建成

---

① 厦门市档案局（馆）.乡愁的寄托——厦门市"乡村记忆档案"示范项目建设资料汇编[M].内部资料，2018：5-21.
② 《关于开展"千村档案"建设工作的通知》（浙档发〔2016〕13号），2016年6月24日。

了包含1410个历史文化村落档案数据的资源库，数据量达到5TB[①]。再如，2016年，厦门市海沧区青礁村在开展"乡村记忆档案"示范项目建设过程中，启动档案信息化建设，配置电脑、复印机和扫描仪，安装了档案管理软件，并同步建立了档案目录数据库和全文数据库，编制了全引目录、案卷目录等必需的检索工具，目录条数共6688条，全文数字化32 904幅[②]。

第二节　乡村档案的文化开发和利用

在乡村档案文化建设工作中，乡村档案资源建设的最终目的是对这些资源进行更好的文化开发和利用，丰富村民文化生活，发展乡村文化旅游，助力农民增收致富，为乡村文化振兴服务，留住乡愁，这也是乡村档案文化建设的最终目的。

《村级档案管理办法》第十五条规定，"档案管理人员应当围绕村中心工作或村级组织及其成员、村民利用需求，加强档案信息资源的开发利用，积极开展档案编研工作，如编写村史、村志、大事记等。"村级组织应按照此要求在上级档案部门的指导下，以社会各界和村民文化需求为导向，加强乡村档案资源的深度挖掘和文化开发。表5-5列出了国内代表性地区乡村档案文化开发与利用的不同方式，可见，乡村档案的文化开发与利用不仅仅是主动做好乡村档案的编研工作，还应积极探索创新其他开发利用手段，如开展乡村档案的检索和查阅利用服务工作、建立村史馆、举办乡村档案展览、利用多媒体宣传展示和共享乡村档案资源、对乡村档案资源进行文化产业开发等。下面将对这些开发利用手段进行具体阐述。

[①] 浙江省档案局. 千村档案：全面保护村落历史文化档案资源的创新实践 [EB/OL]. 浙江档案，2021-03-12.

[②] 厦门市档案局（馆）. 乡愁的寄托——厦门市"乡村记忆档案"示范项目建设资料汇编 [M]. 内部资料，2018：22-26.

第五章 山东乡村档案文化建设的对象分析

表 5-5 国内代表性地区乡村档案文化开发与利用方式一览表

地区	检索与查阅	档案编研	多媒体宣传	档案展览	其他
陕西省铜川市（"村庄记忆"工作①）	/	编写村情简介	拍摄视频短片	建立档案室、村史馆、民俗馆、乡情展馆、乡贤馆	/
厦门市同安区白交祠村②	文书档案全文扫描数字化，文件级著录1961条。	编辑《白交祠新闻报道汇编》《白交祠村档案全宗介绍》《白交祠村组织沿革》《白交祠村大事记》《白交祠村规民约》等；出版3本宣传画册	摄制两部宣传纪录片	打造"一馆一室一旧居"——白交祠乡村记忆展览馆与习近平总书记探讨致富座谈室及访贫问苦杨文王旧居展。	形成"一词":《白交祠村旅游解说词》
厦门市翔安区马塘村③	编制全引目录、案卷目录、归档文件目录等检索工具，实现计算机检索利用	编撰《马塘村史》	专题宣传片	设展厅展示领导关心、乡村文化、村企共建、获得荣誉等多方面村史村貌	/

① 杨太阳.乡村建档传佳话 传承文明留乡愁——记陕西省铜川市"村庄记忆"工作[N].中国档案报，2018-08-06（1）.
② 厦门市档案局（馆）. 厦门市"乡村记忆档案"示范项目建设资料汇编[M].内部资料，2018：27-33.
③ 厦门市档案局（馆）. 厦门市"乡村记忆档案"示范项目建设资料汇编[M].内部资料，2018：34-38.

续表

地区	检索与查阅	档案编研	多媒体宣传	档案展览	其他
厦门市集美区田头村①	实现档案全文数据化	编纂《田头记忆》	"一片":制作田头村电视宣传片	一馆:"田头乡村记忆馆"	"一歌":《田头之歌》;"一赋":《田头赋》;"一会":"诗意田头"朗诵音乐会
厦门市海沧区青礁村②	建立档案目录数据库和全文数据库,编制全引目录、案卷目录等检索工具	编纂《毓秀青礁》	纪录片《开台王颜思齐》	设置农耕用品展示场、芦塘书院等"乡村记忆档案"展示平台	/
莆田市③(仙游县溪尾村、后黄村、荔城区东青村、荔城区后郭村、涵江区)	传统载体档案100%数字化,建立专题数据库,使用档案信息管理软件	一村一志编纂(《后郭村志》《后黄村志》《东青村志》《溪尾村志》,中国文史出版社出版)	《美丽溪尾画中行》《赤子丹心写春秋》《美丽后郭》《吾乡后郭》4部专题电视宣传片	"后郭记忆"展览、荔城区华侨记忆档案展览馆等	/

① 厦门市档案局(馆).乡愁的寄托——厦门市"乡村记忆档案"示范项目建设资料汇编[M].内部资料,2018:5-21.
② 厦门市档案局(馆).乡愁的寄托——厦门市"乡村记忆档案"示范项目建设资料汇编[M].内部资料,2018:22-26.
③ 陈念禧.修志问道留乡愁 主动服务振乡村——福建省莆田市"乡村记忆档案"示范项目建设综述[J].中国档案,2020(2):42-43.

<< 第五章 山东乡村档案文化建设的对象分析

续表

地区	检索与查阅	档案编研	多媒体宣传	档案展览	其他
浙江省（"千村档案"建设①）	建构"一村一档"形式的村落档案数据库	/	/	有条件的村落利用现有历史文化礼堂信息资源丰富农村文化礼堂陈列展览，打造"乡村记忆馆""乡土资料馆""村史馆"等村落历史文化传承场所	/
南京市（"乡村记忆档案"项目建设试点②）	室藏档案数字化，应用档案管理软件，建设"乡村记忆档案"数据库等	编撰村史村志	制作和留存一批记录和本地民民风民俗和口述革命历史的音视频档案	与依托村史馆的档案精品展陈	谱写乡土歌曲

① 《关于开展"千村档案"建设工作的通知》（浙档发〔2016〕13号），2016年6月24日。
② 吕永明. 以"乡村记忆档案"项目建设推动村级档案工作高质量发展[J]. 档案与建设，2019（1）：50—52.

99

一、档案检索与查阅利用

乡村档案的文化开发与利用的基本任务是编制检索工具，开展乡村档案的检索和查阅利用服务工作，传统检索工具包括案卷目录、全引目录、全宗介绍、档案存放地点索引等，有条件的乡村可以将收集的传统载体档案进行数字化加工扫描，并将数字档案信息上传、著录到档案管理系统，具体基本著录要素包括标题、责任者、形成时间、文字描述等，然后对档案目录数据和数字化档案进行挂接，从而建立乡村档案目录和全文检索数据库，为更快查找利用乡村档案提供便利。如浙江省把全省"千村档案"建库成果导入省档案馆数字档案馆系统，作为开放内容提供给利用者，各地还将建成的"千村档案"数据库与各村共享使用，方便村民随时查阅调用，安吉成立"地方史料中心"，将"千村档案"建设中收集到的家谱、特色文献及其他地方史料提供给相关部门和群众利用，下一步他们将把这些数据资源进一步集成，纳入相关协同应用平台，为数字乡村建设应用场景提供基础性支撑，在乡村数字生活新服务中发挥积极作用。①

国家档案局《村级档案管理办法》第十五条规定，"村级档案工作应当建立档案查阅利用制度，为本村各类组织及其成员、村民提供服务。查阅档案要遵守利用规定、履行查阅手续，不得有涂改、损毁、调换、抽取档案等行为。"村级组织应按照这一规定，加强档案借阅服务制度建设，并上墙公示，推进乡村档案查阅利用的法治化、制度化和规范化。

二、乡村档案展览

档案展览是综合运用图片、文字、声像、实物等多种形式集中展示和宣传档案的生动形式，乡村档案展览是乡村档案资源建设成果的集中生动展示，在乡村档案文化建设中应用较为普遍，乡村档案具有原生性、准确

---

① 浙江省档案局. 千村档案：全面保护村落历史文化档案资源的创新实践 [EB/OL]. 浙江档案，2021-03-12.

性、系统性等特点，对于提升乡村档案资源的价值和利用率、深度挖掘乡村文化内涵、宣传保护乡村文化遗产、寄托乡情、留住乡愁、丰富村民精神文化生活、发展乡村文化旅游具有重要价值，有利于构建特色各异、美丽宜居的品质乡村。

山东省乡村档案展览的具体展陈资源及类别、设施建设、展示陈列和运营管理可以参考《山东乡村记忆博物馆建设指南（试行）》（2016年，见附录文5-1）的要求来开展，一般设在村委会或学校，也可因地制宜，不拘规模，充分利用现有建筑和场景空间专辟展馆，有条件的地方可以单独建设乡村档案馆、村史馆、乡村记忆馆、乡贤馆乡风馆民俗展览馆等展览场所，全面记录乡村社会发展和历史文化变迁，当地企业事业单位和个人等社会力量也可根据本地情况筹办专题性实体与网络档案馆等，档案部门应给予扶持和指导。

乡村档案展览应立足本村特色，提前做好展览策划，制定展览方案，包括展览主题、展览内容和结构、展品征集和组织、展陈方式、展线设计等内容。展览内容可以包括乡村历史起源、辉煌历程、村规民约、乡贤名人、古今名匾、文物古迹、农家用具、民间藏品、领导寄语、乡村文化体验等；展品应主要源自本村本土，反映本村民众生产、生活及其演进变迁，包括纸质档案原件或复制件、照片档案、声像档案、实物档案等类别，展陈手段除了常规手段外，鼓励采用沙盘、微缩景观、体验式展示、多媒体、新媒体等多种手段进行展示[①]，有条件的乡村可以运用互联网、多媒体、新媒体等信息技术手段，建设乡村数字档案馆，使公众可以在线感受乡村档案文化的魅力。实践中，厦门市同安区白交祠村从实际出发，设置了开放式村情村史展览，具体来说，一是设置户外展板，开展村史宣传。村情村史通过"忆乡愁"（建村——1986年的读史寻根与读物说缘）、"话脱贫"（习近平）、"谋发展"与"谱新篇"四部分内容来展示；二是

[①]《山东乡村记忆博物馆建设指南（试行）》（山东省"乡村记忆"工程办公室印发），2016年6月。

利用村部的各种宣传栏，采取图片、实物、照片、录影、口述档案等形式，实时展示村情变化；三是开设实物展点，在当年习近平总书记视察村民杨文王家的老宅与习近平总书记当年在白交祠小学二楼会议室召开座谈会的教室设立纪念展示点，多方位展示白交祠村历史[①]。厦门市集美区田头村成功打造了"田头乡村记忆馆"（见图5-1[②]），2017年3月，集美区档案局牵头策划"记忆馆"文化项目建设实施方案，在市档案局精心指导下，经过反复调研论证，经过与鹰坑谷民俗文化园多次协调沟通，达成合作意向，明确责任分工：区档案局牵头制定"田头乡村记忆馆"室内展区等设计方案，按照总体规划、分步实施、有利于提升"美丽田头"建设水平的原则进行筹划；灌口镇依法依规对项目进行全程督查指导；田头村依照现行体制，负责组织室内展区等的具体建设。2017年9月中旬"田头乡村记忆馆"基本完成建设，馆内共设置十个展区：1. 村情村史展区；2. 图说小刀会展区；3. 辛亥革命志士展区；4. 红色主题展区；5. 孝在田头主题展区；6. 农耕文化展区；7. 功名文化展区；8. 农耕用具长廊展区；9. 传统生活文化展区；10. 乡村记忆文化体验区。"田头乡村记忆馆"自9月底开馆以来，游客络绎不绝，数量已逾万人。馆内的四季农耕劳作场景、田头乡民非遗文化展演、民俗生活体验等，用旧什物、蜡人像等模拟旧时农耕场景，视觉冲击力大，很好地再现了田头村的历史人文和遗风异俗[③]。

[①] 厦门市档案局（馆）. 乡愁的寄托——厦门市"乡村记忆档案"示范项目建设资料汇编[M]. 内部资料，2018：27-33.
[②] 厦门市档案局（馆）. 乡愁的寄托——厦门市"乡村记忆档案"示范项目建设资料汇编[M]. 内部资料，2018：5-21.
[③] 厦门市档案局（馆）. 乡愁的寄托——厦门市"乡村记忆档案"示范项目建设资料汇编[M]. 内部资料，2018：5-21.

图 5-1 田头乡村记忆馆

三、乡村档案编研

乡村档案编研工作是以室藏档案为主要线索和依据，研究档案信息，编辑档案史料或参考资料，为农村和社会提供服务的工作①。乡村档案文化建设中，应突出乡村档案编研成果的历史文化价值，以室藏档案信息为依托，全面盘点本村的地理、历史、经济、文化、教育、物产、人物、风俗等情况，把乡村社会发展变迁过程和历史文化底蕴予以真实准确地记录和展现，有利于激发村民爱村热情，传承乡村优秀历史传统，提升乡村文化建设的品质，助力乡村文化振兴，主要编研成果包括村史村志、组织沿革、大事记、家谱、村情简介、村庄记忆、方言手册等专题书籍、画册和纪录片等。如厦门市同安区白交祠村在"乡村记忆档案"示范项目建设中，组织编写和制作反映白交祠村情村史的各种编研资料，包括：白交祠村档案管理制度汇集；白交祠村档案全宗介绍；白交祠村组织沿革；白交祠村大事记；白交祠村村规民约；白交祠村村史；白交祠村新闻报道汇编之一；白交祠村"五位一体"试点工作汇编；白交祠村旅游解说词；厦门

---

① 王改娇，张辉，宗艳芹. 农村档案管理 [M]. 北京：中国社会出版社，2010：161.

高山村——白交祠；宣传画册——富美白交祠；宣传画册——春风和煦白交祠；宣传纪录片——云雾山庄白交祠；宣传纪录片——守望高山致富路。①

在上述编研资料中，村志是较为常见和普遍的乡村档案编研成果，村志编修应成立专门编委会，村主要负责人担任编纂主任，制定编纂方案和目录，具体要素包括扉页、编审委员会、照片、地图、题词、序言、凡例、概述、大事记、专志、附录、书评、参考资料、后记等，其中专志是村志的主体，主要内容可以涵盖建制区划、历史沿革、自然风光、名胜古迹、村庄建设、家庭变迁、名人乡贤、特色农业、乡风民俗、大事记等，具体内容应以文字为主，辅以图表，目录层次分明，条理清晰。例如，山东省诸城市昌城镇得利斯村的得利斯公司历时三年编纂出版了《得利斯村志》（见图5-2）②，该志书纵跨600年历史，分14编记载该村历史人文、地理地貌、政治经济、文化教育等内容，反映了改革开放以来该村发生的巨变，总结了贸工农一体化、农业产业化的农村经济社会发展模式和经验③。

再如，厦门市集美区田头村编纂出版村志——《田头记忆》④（见图5-3），由厦门市档案局指导，集美区档案局、灌口镇政府策划，集美区档案局、灌口镇田头村委会编印，全文31万字，共分为13个章节，介绍了田头村的历史沿革、社会经济与民生、环境与资源等基本村情，还通过文教、文物、民俗和信仰等篇章，侧重记述其耕读文化的方方面面，除了历史渊源、文化积淀、耕读资源等，该书系统记录了村民身边事，例如1949年以来的田头大事件，口口相传的气象谚语等，还收录了包括金婚、钻石

---

① 厦门市档案局（馆）．乡愁的寄托——厦门市"乡村记忆档案"示范项目建设资料汇编[M]．内部资料，2018：27-33．
② 王增强．社会认同视野下乡村档案文化建设路径探析[J]．浙江档案，2015（2）：20-22．
③ 金小茜．《得利斯村志》折射农村发展变迁[EB/OL]．新华网，2012-11-22．
④ 厦门市集美区档案局，厦门市灌口镇田头村村民委员会．田头记忆[M]．北京：人民日报出版社，2017．

婚、四世同堂、五好文明家庭、村民学历表、寿星名录等照片，讲述了村民们和睦相处、爱岗敬业、艰辛创业的典型事例，通过小故事，传播正能量①。

图 5-2 《得利斯村志》　　图 5-3 《田头记忆》

乡村宣传纪录片是主要依托乡村档案开展的档案特色编研活动，而且也是特别适合借助网络和社交媒体等媒介传播的乡村文化宣传形式，山东省《关于实施"乡村记忆工程"的通知》（鲁文发〔2014〕61号）明确提出，开展乡村记忆工程，要开展"在电视、网络等媒体开辟专栏，进行集中宣传，调动民众的积极性"。乡村宣传纪录片在短时间内浓缩丰富的乡村档案文化信息和内容，比如村情村貌、文物古迹、风土人情、主体产业、新旧民居、生活农耕用具等，借助网络和社交媒体等媒介的广泛传播，可以有力提升乡村档案的品牌宣传效应，实践中已有不少先进案例可资借鉴：

案例一：福建省厦门市集美区档案局以乡村记忆档案为依托，有效挖

---

① 厦门市档案局（馆）. 乡愁的寄托——厦门市"乡村记忆档案"示范项目建设资料汇编[M]. 内部资料，2018：5-21.

掘乡村文化,组织拍摄了田头村歌——《田头之歌》公益微视频,进一步拓展档案编研成果应用范围。《田头之歌》MV片长约4分钟,通过情景交融的手法给予受众感官愉悦和心理认同,呈现田头村美丽乡村建设情况,展现了全区的美丽乡村建设理念。[①]

案例二：2019年,浙江省档案馆联合各市、县(市、区)档案馆在浙江电视台公共新闻频道推出"跟着档案去旅行"系列节目,该节目以档案文献为切入点,通过挖掘梳理档案资源,包括地方志、专业志、家族谱牒、人物传记、地图等相关资料,阐释拍摄点的红色遗存、文物古迹、古村落建筑形制、雕刻工艺、楹联匾额文化、非遗传承、历史名人、名人诗词名篇等历史文化元素。截至2020年年底该节目已制作两季共56期,每期12分钟,同时在学习强国浙江学习平台上播出,并制作30秒短视频在有关抖音号推送,成为全省档案文化宣传的精品力作。[②]

案例三：2021年12月,浙江省台州市"台州古村落"数字记忆第二批8个项目顺利通过验收,该项目主要围绕古村落的风俗特色、乡土生活、诗礼传家等内容进行采集、挖掘和整理,制作成纪录片进行保存,纪录片做到了真实性与艺术性的平衡,注重村落个性化的挖掘,全方位、多角度记录了古村落的故事。下一步,市档案馆将继续深化提升推广"古村落数字记忆建设研究"应用成果,打造乡土文化系列作品。[③]

四、乡村档案的文旅产业开发

乡村档案文化建设的本质是"活化乡村记忆,是在新型城镇化进程中深度挖掘乡村记忆与乡村传统产业,进行精细化、产业化升级,将'文'

[①] 罗华. 福建厦门集美区《田头之歌》点睛乡村振兴[N]. 中国档案报,2018-09-17(2).
[②] 征集编研处. 省档案馆启动2021年"跟着档案去旅行"项目选点工作[EB/OL]. 浙江档案,2020-12-16.
[③] 柳祥宝,项璐. 浙江台州"古村落数字记忆"项目通过验收[N]. 中国档案报,2021-12-27(2).

'人''居'与'产'融合在一起，让原来的乡村记忆在新型城镇化进程中真正活起来，充满生机活力"①。住房和城乡建设部、文化部、国家文物局、财政部《关于切实加强中国传统村落保护的指导意见》（建村〔2014〕61号）中指出，要"合理利用文化遗产。挖掘社会、情感价值，……挖掘经济价值，发展传统特色产业和旅游"，乡村档案是重要的乡村文化遗产，而且具有其他乡村文化遗产无法具有的独特价值和魅力。随着旅游者文化水平和知识层次的提升，许多旅游者已经不仅仅满足于乡村的自然风光和建筑古迹，对乡村的风土民情、人文历史和淳朴民风更加钟情，这正是乡村档案所蕴含的重要文化价值和魅力。因此，对乡村档案资源的文化价值进行深度产业开发，有利于提升乡村的厚重文化底蕴，推动乡村旅游文化经济的发展，更好地解决传统传承与现代发展的矛盾，有效改善民生，服务乡村文化产业发展。乡村档案的文旅产业开发形式较为多样，如开发乡村档案文化创意产品②，建设实景小镇，发展乡村旅游等。实践中，许多乡村依托本村档案资源，开展了丰富多彩的乡村档案文旅产业开发，现简要列举如下：

案例一：韩国国家档案馆2008年启动的"归档村落"（Archive Village）项目，加强了村落与周边旅游资源的联系，促进了全国性宣传，通过开发多样的村内文化内容，为观光活性化做出贡献，村落档案成为与乡村运营体验项目等周边基础设施相联系的观光资源③；

案例二：陕西省安康市汉阴县城关镇中坝村依托秦巴文化，通过挖掘档案资源建成了中坝村作坊小镇④，档案文旅产业开发利用形式较为新颖；

---

① 徐逸竹. 档案旧时光——你听说过乡情记忆馆吗？［EB/OL］.（2021-09-22）［2021-12-16］. https：//mp. weixin. qq. com/s/JfRGH4ZYX91p8_niLvaqig.
② 陈伟斌，张庆顺. 乡村记忆档案文化创意产品的开发与利用［J］. 北京档案，2019（11）：27-29.
③ OH Y J, HAN H J, YUK H I, et al. A Study on the Current Status of an Archive Village Project and Its Improvement Plan：The Case of I County［J］. Journal of Korean Society of Archives and Records Management，2015，15（2）：7-30.
④ 贺瑾. 陕西召开档案工作服务乡村振兴战略现场会［N］. 中国档案报，2019-07-25（1）.

案例三：2018年，浙江省三门县浦坝港镇党委政府从档案入手，深挖馆藏档案资源和价值，全面剖析渔家岙村集体经济薄弱的原因，综合研判渔家岙村发展历史、发展现状、发展方向，做出了建设渔家岙"海风渔火"美丽渔村的决策，通过一年多的建设，该村已成为市级美丽乡村示范村，并于2019年6月对外开村运营，渔家岙村预计年旅游人数将突破30万人次，村级集体收入可超过200万元[①]；

案例四：贵州省黔东南州各县（市）将开展传统村落保护建档和档案室建设、生态档案馆建设作为加强传统村落旅游资源开发、丰富传统村落人文内涵的重要手段，他们通过建设传统村落档案室和生态档案馆，挖掘传统村落历史文化和生态文明档案资源，形成了传统村落旅游资源和档案资源共同开发、旅游发展与档案保护同步进行的良好格局[②]；

案例五：甘肃省张掖市甘州区档案局馆深度挖掘乡村档案文化资源，打造文旅亮点，切实将档案资源转化成经济效益，它们以红西路军在甘州的征战足迹为主线，依托红西路军中共甘州中心县委纪念园和红西路军军政委员会"龙渠会议"遗址，充分挖掘红色名人和重要革命事件档案，通过征集、整理、抢救修复、数字化处理与红西路军相关的不同载体的档案史料，进一步加强档案信息资源的开发利用，讲好革命故事，让历史事迹、榜样人物"飞入寻常百姓家"，逐步打造集"培训+参观+体验+教育"为一体的综合性教育培训基地[③]。

[①] 付鹏飞.档案为乡村振兴插上腾飞的翅膀——浙江省三门县浦坝港镇档案工作纪实[N].中国档案报，2019-06-10（1）.
[②] 吴岳鸿.繁荣乡村文化 留住乡愁记忆——贵州省黔东南州加强传统村落档案工作纪实[N].中国档案报，2019-04-08（3）.
[③] 周丽.留住乡愁记忆 助力乡村振兴——张掖市甘州区农业农村档案工作纪实[EB/OL].（2020-10-19）[2021-12-18］. http://www.zgdazxw.com.cn/news/2020-10/19/content_312246.htm.

第六章 山东乡村档案文化建设的环境分析

山东省乡村档案文化建设除了涉及建设主体和建设对象两个因素以外，还涉及一个重要的外部因素，那就是环境因素。乡村档案文化建设的环境因素主要包括经济文化环境和政策法规环境等要素，环境因素对乡村档案文化建设具有重要影响。2012年，住房和城乡建设部、文化部和财政部《关于加强传统村落保护发展工作的指导意见》（建村〔2012〕184号）明确提出，传统村落保护发展工作的任务就包括"建立保护发展管理制度和技术支撑体系；制定保护发展政策措施"，乡村档案文化建设只有具备了良好的外部环境，才能真正走向法治化、规范化和现代化建设发展之路，真正服务美丽乡村建设和乡村文化振兴。

第一节 经济文化环境

《管子·牧民》有言曰，仓廪实而知礼节，衣食足而知荣辱。文化需求是建立在较为充分的物质需求基础之上的。同理，按照马斯洛的需要层次理论（Hierarchical Theory of Needs），人的需要由生理的需要、安全的需要、归属与爱的需要、尊重的需要、自我实现的需要五个等级构成，而文化需要是一种较为高级的需要，人们首先要满足低层次的需要，然后才会考虑文化需要这种较为高级的需要。具体到档案工作领域，为什么许多西方发达国家公共档案馆的休闲文化和社会教育功能发挥得更加充分,形式也十分多样,这与其高度发达的经济文化水平是分不开的,公共档案馆的运营资金较为充足,社会公众的教育层次和知识层次较高,对档案文化的需求就较为旺盛。同理,乡村档案文化建设同样需要良好的经济文化环境,良好的经济文化环境主要体现在以下几个方面:

一、较高的经济文化发展水平

易涛认为,"乡村档案文化建设需要经济基础认同"①。乡村档案文化建设作为一项文化建设活动,从根本上来讲,是为了满足村民和社会的文化需要,服务乡村文化振兴,而村民的文化需要是建立在乡村经济文化良好发展的基础之上的,如果一个乡村经济文化发展滞后,村民生活较为贫困,连基本的温饱、教育、医疗卫生、住房等需求都无法有效满足,那么在该乡村开展档案文化建设的障碍便巨大。因此,一般来讲,乡村档案文化建设在经济文化较为发达的地区更有可能开展起来,也更容易开展起来。实践中,乡村档案文化建设轰轰烈烈开展起来的代表性案例也大多位于经济文化较为发达的东部沿海地区,如浙江省的"千村档案"建设工作、福建省的"乡村记忆档案"项目、南京市的"乡村记忆档案"项目建设试点以及山东省的"乡村记忆工程",而且他们在选择示范试点乡村的时候,所在乡村的经济发展水平和文化资源条件以及村民的文化需求依然是重点考虑的因素。

从全国来看,山东省的经济文化发展水平虽然走在前列,但城乡经济文化发展差距依然较大,即使同样是乡村,不同地区乡村的经济文化发展水平也存在较大差异,因此,山东省在开展乡村档案文化建设过程中,应充分考虑各地区乡村的经济发展水平和文化资源基础,因地制宜地制定乡村档案文化建设策略,避免千村一面的建设,防止一刀切。当然,山东乡

---

① 易涛. 社会认同视野下乡村档案文化建设的动力与条件研究[J]. 档案学研究,2013(5):9-12.

村档案文化建设最根本的策略还是大力发展乡村经济,增加农村收入,同时大力扶持乡村教育,提升乡村经济文化发展水平,提升乡村的文化需求、层次和品位,当乡村真正脱离贫穷,走向富裕和小康的时候,乡村档案文化建设的障碍才更容易解决,当然,这个过程不能让山东的广大村民等待太久。

二、充足的经费支持

乡村地区大多经济发展水平不高,财政资金缺口较大,因此,政府财政的大力补贴和保障是乡村档案文化建设得以有效开展的重要保证。通观国内乡村档案文化建设开展比较好的地区和案例,无不得到了政府财政的大力支持和保障。如福建省在开展"乡村记忆档案"示范项目过程中,省财政厅为相关县(市)区财政局、档案局共计57个"乡村记忆档案"示范村下达专项经费350万元,有力保障了项目的顺利开展[1],其中,厦门市集美区田头村获得了各级机关先后拨付创建经费更是超过157万元,有力保障了"田头乡村记忆馆"的建设[2]。山东省"乡村记忆工程"仅2015年全省投入资金就高达1.3亿元,用于工程试点单位的保护规划编制、传统民居修缮、乡村记忆博物馆征集布展等[3],工程建设的民俗生态博物馆、乡村(社区)博物馆建筑本体的保护维修结合当地的城镇化建设规划,以市县财政为主负担,省级结合公共文化服务体系建设等专项资金对试点单位给予补助,由试点单位统筹用于生产、生活用具及民俗展品的收集、展览的布置等基本条件建设,同时,"乡村记忆工程"根据工作内容,分别纳入各级宣传文化、公共文化服务体系建设、文物保护、小城镇建设、历

---

[1] 叶建强. 福建启动"乡村记忆档案"示范项目,省财政为57个示范村拨付资金350万元[N]. 中国档案报,2015-12-21(1).
[2] 厦门市档案局(馆). 乡愁的寄托——厦门市"乡村记忆档案"示范项目建设资料汇编[M]. 内部资料,2018:5-21.
[3] 姜瑞丽. 山东"乡村记忆"工程试点投资1.3亿元 列入"十三五"规划[EB/OL]. (2016-03-31)[2020-06-16]. http://www.dzwww.com/shandong/sdnews/201603/t20160331_14081851.htm.

史文化名城名镇名村保护、乡村旅游及农业相关补助项目;对建成后正常对外开放的博物馆,通过管理绩效评估,市、县(区)级财政对其日常管理运行给予积极支持①。浙江省"千村档案"建设工作由所在区(县)财政局落实专项资金②。贵州从江县政府协调县新农办从传统村落保护工作经费中拿出一定资金用于传统村落档案工作,落实经费保障③;贵州省松桃苗族自治县向省档案局和县政府申请了项目经费开展"大湾村传统村落活态档案馆"建设④。

因此,在乡村档案文化建设工作中,山东省各级政府财政部门和档案部门应积极探索资金投入和管理机制,进一步加大财政投入,对乡村档案文化建设存在困难的地区给予必要资金支持,同时加强经费使用管理和监督,建立资金管理制度,确保专款专用。另外,各级政府和档案部门还需要拓宽乡村档案文化建设资金来源渠道,"鼓励社会资本有序有度、有用有效地进入"⑤,从而为乡村档案的收集(包括征集、征购)、整理、保护、场馆建设、编研开发与展览、信息化建设、软硬件设施配备等提供充足的资金保障。

三、完备的硬件条件和先进的技术支持

乡村档案文化建设离不开完备的硬件条件和先进技术支持,这当然也是建立在充足的资金保障基础之上的。乡村档案文化建设的硬件条件包括档案收集和管理设施配备、档案保管和展示场馆建设等,技术条件包括档案数字化技术、档案管理信息系统、虚拟现实技术、数据可视化展示技

---

① 《关于实施"乡村记忆工程"的通知》(鲁文发〔2014〕61号),2014年2月7日。
② 徐静而,毛贤广. 杭州"千村档案"建设成效显著[N]. 中国档案报,2018-07-12(2).
③ 吴岳鸿. 贵州从江多部门合力推动传统村落档案工作[N]. 中国档案报,2018-09-13(2).
④ 崔珍珍. "兰台天使"的隐形翅膀——记贵州省松桃苗族自治县"大湾村传统村落活态档案馆"[N]. 中国档案报,2018-09-07(2)
⑤ 李晓,王斯敏,成亚倩,等. 保护传统村落,守护乡土文化之根[N]. 中国档案报,2019-07-09(7)

术、社交媒体技术、档案网站建设、大数据技术、物联网技术、移动互联网、数字档案馆等技术。

乡村档案文化建设应在资金允许的情况下持续加大硬件和技术投入，确保档案收集和管理基本设施齐全，包括空调、除湿机、计算机、打印机、扫描仪、摄影机、照相机、防磁柜、密集架、档案柜、办公桌、防火设施、标准档案盒、温湿度计、防盗门禁、监控设施、遮光窗帘、档案管理软件等；档案保管和展示场馆建设应因地制宜，不宜一味求新求大，《山东乡村记忆博物馆建设指南（试行）》（2016）提出，"原则上利用既有建筑如学校、祠堂、祖屋、故居、书院、寺庙、宫观、教堂等作为馆舍。对于确无条件利用既有建筑的乡村，可新建馆舍。馆舍大小、规模以满足展品安全和展陈需要为宜，新建馆舍风格要与所在乡村传统风貌相协调"；有条件的地方应加大乡村档案数字化，应用档案管理软件、多媒体技术和网站技术实现乡村档案计算机管理和网络利用共享，还可以在档案展览场馆中利用虚拟现实和可视化展示技术再现乡村文化和记忆。如2016年，台州市档案局和中国人民大学合作，通过数字技术从全时间、全空间角度为浙江省台州市仙居县白塔镇高迁村建立了一座"数字档案馆"——"高迁村数字记忆"网站（见图6-1[①]），其主要建设方式为"前台后库"[②]。在网站中，浏览者可通过图片、视频、文稿、3D建模、全景漫游等丰富的形式了解高迁村各时期的历史、建筑风貌，这座历经千年而繁衍生息至今的古村落在网络空间被生动再现。高迁村数字平台和数据库的建成将为未来档案部门利用数字技术开展古村落档案资源建设和深度开发提供新思路，也可为全国古村落文化遗产数字化保护与传承项目提供借鉴[③]。

[①] 截图自"记忆高迁"官方网站 [EB/OL]. [2020-08-15]. http://gqjy.bjjy.cn.
[②] 祁天娇，马林青. 历史文化村镇活态保护的新模式——基于数字资源构建的视角 [J]. 档案学研究，2018（3）：44-50.
[③] 张宇，潘敏央. 用数字技术保存台州的"古村落记忆" [EB/OL]. 浙江新闻，2019-04-15.

图 6-1 "高迁村数字记忆"网站

第二节 政策法规环境

肖妍认为，改革开放40多年来，我国农业农村档案工作的基本发展经验是"始终与国家'三农'工作改革大局相适应……各级档案部门始终积极适应'三农'工作中心任务和改革要求，寻找自身工作与农业农村工作的结合点，为乡镇体制改革、乡镇企业发展、基层党组织建设、基层政权治理能力提升、农村传统文化保护、美丽乡村建设、新型农业经营主体、农产品安全等提供了大量档案服务，促进农业发展，维护农村社会稳定，保障农民权益，成效显著"[1]。可见，国家的"三农"工作政策与法规环境是开展乡村档案工作的核心指引。山东省乡村档案文化建设作为一项乡村文化建设活动，同样离不开外部"三农"政策法规环境的保障，"三农"政策与法规可以为乡村档案文化建设提供总的指导方针和具体实施规范，确保乡村档案文化建设活动有法可依，有规可循，促进乡村档案文化建设走向法治化、规范化和常态化，山东乡村档案文化建设的政策法规环境可以分为政策指引和法规遵循两个部分。

---

[1] 肖妍. 不断发展的农业农村档案工作[N]. 中国档案报, 2018-10-29 (3).

一、政策指引

国家和山东省关于乡村文化建设的总体方针政策是乡村档案文化建设的政策指引，这些方针政策主要体现在党和政府有关的报告和文件中，当前国家和山东省对于乡村文化建设的总体战略和政策主要包括乡村振兴战略、加强和改进乡村治理、传统村落保护以及"乡村记忆工程"等。

（一）乡村振兴战略

党的十九大报告（2017）提出，实施乡村振兴战略，是关系全面建设社会主义现代化国家的全局性、历史性任务，是新时代"三农"工作总抓手。乡村振兴战略坚持农业农村优先发展，并概括出了产业兴旺、生态宜居、乡风文明、治理有效、生活富裕的总要求。乡村档案文化建设正是服务"产业兴旺"和"乡风文明"的有效发力点。《中共中央、国务院关于实施乡村振兴战略的意见》（2018）明确提出乡村振兴的七大基本原则之一是"坚持乡村全面振兴。……统筹谋划农村经济建设、政治建设、文化建设、社会建设、生态文明建设和党的建设，注重协同性、关联性，整体部署，协调推进"。可见乡村档案文化建设作为乡村文化建设的组成部分，是乡村振兴的重要一环。关于"乡风文明"，文件提出要"繁荣兴盛农村文化，焕发乡风文明新气象"，具体要求包括"1. 加强农村思想道德建设。2. 传承发展提升农村优秀传统文化。3. 加强农村公共文化建设。4. 开展移风易俗行动"。从中可以看出，乡村档案文化建设的目标和内容与乡风文明建设的具体要求十分契合，两者有着异曲同工、殊途同归之妙。因此，各级档案部门应立足自身档案资源优势和专业优势，围绕乡村振兴这一中心和大局开展档案工作，主动将乡村档案文化建设工作融入乡村振兴战略，整体谋划，统筹协调，加强部门间沟通合作，各司其职，将乡村档案文化建设纳入地方党委、政府年度重点工作计划，丰富乡村档案文化建设的内容、手段和形式，推进乡村档案文化建设的规范化开展。

（二）加强和改进乡村治理

2019年6月，中共中央办公厅、国务院办公厅印发《关于加强和改进乡村治理的指导意见》，提出推进乡村治理体系和治理能力现代化，建立自治、法治、德治相结合的乡村治理体系，走中国特色社会主义乡村善治之路，不断增强广大农民的获得感、幸福感、安全感。在提出的加强和改进乡村治理的主要任务中，有多项任务与乡村档案工作和档案文化建设密切相关，具体包括：

"全面实施村级事务阳光工程。健全村务档案管理制度"，这为乡村档案文化建设提供了基本的制度保障；

"实施乡风文明培育行动"，包括"开展家风建设，传承传播优良家训，加强村规民约建设，强化党组织领导和把关，实现村规民约行政村全覆盖"等，家风建设离不开村民家庭档案的有力支撑，村规民约是乡村档案归档的重要内容，《村级档案管理办法》（见附录文2-1）的《村级文件材料归档范围和档案保管期限表》中明确将"2.12本村的村规民约等各种规章制度材料"列入归档范围，并且设置档案保管期限为"永久"；

"加强农村文化引领。加强基层文化产品供给、文化阵地建设、文化活动开展和文化人才培养。传承发展提升农村优秀传统文化，加强传统村落保护。结合传统节日、民间特色节庆、农民丰收节等，因地制宜广泛开展乡村文化体育活动。加快乡村文化资源数字化，让农民共享城乡优质文化资源。挖掘文化内涵，培育乡村特色文化产业，助推乡村旅游高质量发展。"通观这一任务，不难发现，乡村档案文化建设正是"加强农村文化引领"的一项具体举措和特色路径，既可以为上述具体任务提供档案资源保障，又可以直接担负起文化建设的任务。

（三）传统村落保护

传统村落保护政策体现的是党和国家对乡村文化遗产保护的重视，自2012年以来，国家有关部门相继出台一系列政策（见表6-1），加强对传统村落保护发展工作的指导，一大批处于无序发展状态或濒临破坏状态的传统村落得到了及时有效的保护。这些政策涵盖了传统村落调查、保护发展原则与任务、保护名录、保护规划、监督管理、财政支持、项目实施等内容。国家关于传统村落保护发展工作的相关政策对于乡村档案文化建设具有重要指导意义，乡村档案遗产是传统村落遗产的重要组成部分，国家有关乡村文化遗产保护的相关方针政策同样适用于乡村档案文化建设，而且为传统村落建档既是国家传统村落保护的基本要求，同时也是乡村档案文化建设的重要任务和内容，因此，乡村档案文化建设应严格遵循国家有关传统村落保护发展工作的方针政策，主动融入传统村落保护发展工作的总体规划中，做到统筹推进，协调发展，实现传统村落的全面保护和永续发展。

表 6-1　国家有关传统村落保护的部分政策一览表

时间	部门	名称	文号
2012 年 4 月	住房和城乡建设部、文化部、国家文物局、财政部	关于开展传统村落调查的通知	建村〔2012〕58 号
2012 年 8 月	住房和城乡建设部、文化部、国家文物局等	关于印发《传统村落评价认定指标体系（试行）》的通知	建村〔2012〕125 号
2012 年 12 月	住房和城乡建设部、文化部、财政部	关于加强传统村落保护发展工作的指导意见	建村〔2012〕184 号
2012 年 12 月	住房和城乡建设部、文化部、财政部	关于公布第一批列入中国传统村落名录村落名单的通知	建村〔2012〕189 号
2013 年 2 月	住房和城乡建设部 文化部 财政部	关于做好 2013 年传统村落补充调查和推荐上报工作的通知	建村〔2013〕20 号

续表

时间	部门	名称	文号
2013年7月	住房和城乡建设部、文化部、财政部	关于做好2013年中国传统村落保护发展工作的通知	建村〔2013〕102号
2013年9月	住房和城乡建设部	关于印发传统村落保护发展规划编制基本要求（试行）的通知	建村〔2013〕130号
2014年4月	住房和城乡建设部、文化部、国家文物局、财政部	关于切实加强中国传统村落保护的指导意见	建村〔2014〕61号
2014年7月	住房和城乡建设部、文化部、国家文物局、财政部	关于公布2014年第一批列入中央财政支持范围的中国传统村落名单的通知	建村〔2014〕106号
2014年9月	住房和城乡建设部、文化部、国家文物局	关于做好中国传统村落保护项目实施工作的意见	建村〔2014〕135号
2015年6月	住房和城乡建设部等部门	关于做好2015年中国传统村落保护工作的通知	建村〔2015〕91号
2016年11月	财政部办公厅、国家旅游局、国家文物局、国土资源部、农业部办公厅、文化部、住房和城乡建设部办公厅	关于印发《中国传统村落警示和退出暂行规定（试行）》的通知	建办村〔2016〕55号
2017年2月	住房和城乡建设部办公厅	关于做好中国传统村落数字博物馆优秀村落建馆工作的通知	建办村函〔2017〕137号

（四）山东省"乡村记忆工程"

"乡村记忆工程"是山东省于2014年2月在全省发起开展的乡村文化遗产保护活动，该活动由9个部门联合开展，并发布了《关于实施"乡村记忆工程"的通知》（鲁文发〔2014〕61号），通知明确了实施"乡村记忆工程"的紧迫性、必要性和意义、指导思想和原则、内涵和基本任务、实施步骤以及保障措施等，是山东省"乡村记忆工程"实施的行动指南；2015年5月，中共山东省委宣传部和山东省文物局又联合发布《关于在全省开展"乡村记忆工程"普查的通知》（鲁文〔2014〕30号），对"乡村记忆工程"普查的目的和意义、范围和内容、时间安排、推荐申报与认定公布、组织实施、经费保障等内容进行了明确规定；2015年，山东省又发布了《山东"乡村记忆"工程技术导则（试行）》，为山东省"乡村记忆工程"的实施提供了明确的技术指引。山东省乡村档案文化建设也是"乡村记忆工程"的重要组成部分，一方面，档案部门应遵循有关"乡村记忆工程"的方针政策的基本要求，主动融入"乡村记忆工程"建设中去；另一方面，省委也应尽快将档案部门纳入"乡村记忆工程"联席会议推进协调机制，统筹推进，实现山东乡村记忆的有效保护和合理开发利用。关于这一点，浙江省已有类似先例。2012年，浙江省档案局启动"乡村记忆工程"，在各地创建乡村记忆示范基地，受到省委宣传部有关领导的高度认可；2013年，浙江省委、省政府大力部署实施农村文化礼堂建设工作，成立了浙江省农村文化礼堂建设工作领导小组，省档案局被列为成员单位，乡村记忆示范基地作为农村文化礼堂建设的一个重要功能板块，予以统筹规划实施[1]，此外，浙江省各地档案部门也主动参与，全省有85个档案部门被列为当地农村文化礼堂领导小组成员单位[2]。

二、法规遵循

2019年3月，《台州市传统村落保护和利用条例》施行，第十四条指出："县（市、区）住房和城乡建设主管部门应当建立传统村落档案、传统建筑档案，并以电子数据形式向同级国家综合档案馆备份"，这为传统

---

[1] 省档案局被列为浙江省农村文化礼堂建设工作领导小组成员单位[J]. 浙江档案，2013（4）：4.
[2] 丁越飞，何力迈，夏振华. 打造"乡村记忆"基地 助推农村文化礼堂[J]. 浙江档案，2014（2）：8-10.

村落建档提供了法规依据。同样，乡村档案文化建设也需要依法开展，良好完善的法律法规环境可以保障乡村档案文化建设的法治化、规范化和常态化开展。乡村档案文化建设的法规遵循指的是乡村档案文化建设过程中，应严格依照国家现行相关法律、法规、行政规章以及各类规范性文件和标准来开展，这些法律规范性文件为乡村档案文化建设提供了法律依据和行为规范指南，有利于维护各方权益、保障乡村档案文化建设的合规开展。山东省乡村档案文化建设过程中，应严格遵循有关法律法规、行政规章等文件（见表6-2），保障乡村建档与收集、档案备份、档案保管与开发利用、组织领导、监督管理、知识产权保护等工作依法依规开展，提升乡村档案文化建设的法治化与规范化水平。

表6-2 山东乡村档案文化建设应遵循的主要法律规范性文件

发布机关	名称	类型
全国人大常委会	《档案法》（2020）	法律
全国人大常委会	《非物质文化遗产法》（2011）	法律
全国人大常委会	《文物保护法》（2015）	法律
全国人大常委会	《乡村振兴促进法》（2021）	法律
国务院	《档案法实施办法》（2017）	行政法规
国务院	《历史文化名城名镇名村保护条例》（2008）	行政法规
国务院	《博物馆条例》（2015）	行政法规
山东省人大常委会	《山东省档案条例》（2004）	地方性法规
山东省人大常委会	《山东省历史文化名城名镇名村保护条例》（2019）	地方性法规
国家档案局、民政部、农业部	《村级档案管理办法》（2017）	行政规章
国家档案局、民政部、农业部	《关于加强社会主义新农村建设档案工作的意见》（2007）	行政规章
国家档案局	《乡镇档案工作办法》（2021）	行政规章
国家质检总局、国家标准委	《美丽乡村建设指南》（GB/T32000-2015）	国家标准

第七章 山东乡村档案文化建设的案例探索

乡村档案文化建设既是一个重要理论问题，同时也具有很强的实践倾向。为更好地了解山东乡村档案文化建设的现状和发展路径，本章特选取两个典型案例进行细化分析，一个是淄博市张店区的乡村档案文化建设实践，另一个是临沂市临沭县朱村依托红色档案建构乡村记忆的创新探索，希望通过典型案例特写的形式为山东乡村档案文化建设实践提供可资借鉴的样本。

第一节 淄博市张店区乡村档案文化建设现状与发展方向

留住记忆，记住历史，方能望见更远的未来。在人类文明进步、技术发展的时代大背景下，"记忆浪潮"使人类社会澎湃，"社会记忆"在学界引起了越来越多的关注，成为前沿研究的一个热点问题。关于"社会记忆"的研究成果不可谓不丰：在法国社会学家莫里斯·哈布瓦赫最早提出"集体记忆"的概念之后，皮埃尔·诺拉（Pierre Nora）、保罗·康纳顿、扬·阿斯曼（Jan Asman）和阿莱达·阿斯曼（Aleda Asman）等学者分别对这一概念进行了理论上的发展；徐拥军、加小双对国内外的记忆实践进行了深入研究，提出记忆实践正在向"数字记忆"的趋向和运行轨迹发展，赋予了记忆实践新的机遇和挑战[①]。然而，由于所处的地区不同、记忆主体不同，"社会记忆"本身就是具有特殊性的，不同地区和记忆主体的"社会记忆"的理论与实践也各具特色。目前，学界针对某个特定主体在某个特定地理区域内的"社会记忆"的研究还尚有欠缺、未成体系。因此，项目组成员通过搜集资料、实地走访、访谈相关人员等方式，立足于淄博市张店区的乡村档案文化建设工作，对区域乡村档案文化建设的意义、内容、特点、存在的问题以及发展的方向进行分析，以期为山东乡村档案文化建设实践提供案例借鉴。

一、张店区乡村档案文化建设的意义

（一）记录乡村记忆，凝聚乡村认同感

随着城市化进程的加快和快速交通的发展，越来越多的人离开乡村外出打拼，故乡渐渐被城市化和城镇化浪潮所湮没。建立乡村档案，开发乡村档案文化，有利于增加民众对于故土的认同感和归属感，留住乡愁，记下乡情。

（二）记录历史，为历史负责

每一个乡村都有一段独属于自己的历史。但历史难免会在口口相传中与原史产生出入，即使某段历史曾被有意或无意地写下，往往也只是四散在乡村的各个角落里，在灰尘中泛黄。乡村档案文化建设工作将乡村档案进行汇总整理，汇聚乡村档案价值，留住乡村记忆，守护乡村历史。同时，乡村档案反映了乡村面貌的沧桑巨变，深刻体现了村与党和国家的血脉相连。乡村档案折射出的乡村变化，是新中国建国以来社会面貌变化的缩影，是中华民族伟大复兴的见证。

（三）发挥资政作用，选择乡村发展特色道路

乡村发展路线必须要依据乡土乡情来制定。不同村庄的地理位置、历

---

① 加小双，徐拥军. 国内外记忆实践的发展现状及趋势研究 [J]. 图书情报知识，2019 (1)：60-66.

史沿革、文化特色、村民情况、习俗习惯不同,适合其发展的道路也有所不同。乡村档案文化建设有利于发挥档案的现实查考价值,使村两委和上级部门可以在对特定乡村充分了解的基础上,精准施策,选择适合特定乡村发展的特色道路。

二、张店区乡村档案文化建设的内容

(一)重视村级档案工作,设立基层档案室

为更好地推进社会主义新农村建设和城市化发展,淄博市张店区在各村以及在村的基础上发展形成的各社区设立档案室,要求具备专门人员、规章制度、分类方案、完整档案、完备目录。张店区村级档案室作为全区档案工作的基础所在,在村级档案的形成、积累、整理归档、管理、提供利用和向上级档案馆移交等方面发挥着基础性的作用。村党组织、村民委员会、村经济组织等在其政治、经济、科技、文化、教育等实践活动中直接形成的对国家、集体和社会具有保存价值的各种文字、图表、音像、电子等不同形式和载体的历史记录形成了村级档案[①]。张店区村级档案真实地反映了张店区村民自我发展、自我管理、自我服务、自我监督的全过程。张店区乡村档案的来源十分广泛,既包括村党支部、村民委员会及其分支机构、共青团、妇联、村办企业等组织,又包括新兴的农村经济合作组织、土地流转中心等。此外,土地延包、税费改革、集体林权制度改革、新型农村合作医疗、新型农村养老社会保险等工作在具体实施中也产生了大量的档案。村级档案属于村集体所有,受法律保护。乡村档案理论上分为文书档案、科技档案、会计档案、农户档案、特殊载体档案等,以便进行日常管理。但在实际操作中,档案种类的划分并没有这么严格,各类档案之间的界限也不甚明确。张店区乡村档案的载体具有多样化的特点。载体有纸张、照片、音像、光盘、磁盘等,还有许多体现了地方特色

---

① 李和平. 农村档案人员工作手册[M]. 北京:中国档案出版社,2011:14.

的实物档案。村级档案工作的主要内容是：贯彻执行上级党委、政府及档案行政管理部门关于档案工作的方针、政策及工作规划和部署，集中统一管理村级组织形成的各种门类以及具有地方特色的档案资料，维护档案的完整和安全，积极开展档案利用工作。村级档案业务工作的基本内容可概括为档案的收集、整理、鉴定、保管、统计和利用等方面①。村级档案室的设立有利于基层档案工作的开展，有利于党和政府的各项方针、政策在基层得到最直接、最广泛的落实，有利于村级组织在上级党委和政府的领导下，为本村各项工作提供便利，实现基层的自我发展、自我管理和自我服务，助力社会主义新农村建设和城市化建设科学有序地推进。

（二）积极组织基层档案员培训，提高专业技能

上级档案机构具有负责辖区内专、兼职档案人员业务培训的职责。从理论上来说，村级和社区档案员的培训责任在街道和镇，但在实际工作中一直是由张店区档案局来承担着这项任务。张店区档案局业务指导科以灵活多样的培训方式对基层档案员进行业务培训，包括集中开办培训班、上门指导、电话咨询和QQ工作群咨询等方式。其中，培训班针对教育系统一年一次，卫生系统一年一次，机关档案员一年数次，定期举办。对基层档案员业务培训的内容主要涉及文书材料的收集、整理、编目、保管和利用等方面。村级档案员接受专业培训，有利于增强档案员的档案意识，加强档案员的职业道德修养，不断提高档案员的业务能力和综合素质，使其掌握更丰富的专业技能，有利于更好地对乡村档案进行有效保管和收集、整理、归档以及开发利用。

（三）建立村史馆，使"记忆"直观可感

在张店区，一些条件比较好的村或社区在上级档案部门的指导下建立了自己的村史馆。项目组成员走访了张店区九级村，在与九级村两委领导交谈过程中，可以看出该村领导是非常重视档案工作的。在2015年年底，

---

① 李和平. 农村档案人员工作手册[M]. 北京：中国档案出版社，2011：16.

九级村投资 20 万元建成了党史村史馆,馆里陈列着金鸡塔寺遗存文物"八棱碑"、金鸡晓报手稿、生产队计算计量工具、组织沿革资料和该村获得的一系列荣誉等,使村史重新焕发出生机与活力。九级村张崎副主任介绍,虽然九级村的档案员不是科班出身,但也是在经过较为系统严格的培训之后上岗的。村里的档案由专人编目、专人管理,且积极接受上级档案行政管理部门对本村档案工作的督导。设立村史馆,是九级村档案文化建设工作的一个大事件,对于九级村本身也有着较大的意义。一方面,村史馆的设立有利于九级村深化本村历史文化教育,加深九级村人民群众、特别是青少年对于九级村的了解,发挥引导和教育作用。而且通过参观乡村历史档案,两委干部和广大村居民在今昔对比中可以重新审视自身,向前辈看齐,激发九级村发展的动力。借助村史馆这一平台,九级村不定期针对本村青少年开展有关本村历史的宣传教育活动。对于幼儿园、小学、初中的参观与实践,九级村也表示欢迎并积极推进社会实践活动有序开展。另一方面,乡村档案工作也为九级村的长远发展注入了动力。正所谓"以史为鉴,可以知兴替",乡村档案是本村进行参考、对比、利弊分析的一个最基础的资料。立足于本村的乡村档案,观察本村历史的发展轨迹,能够吸收经验,汲取教训,进行精准决策,发挥资政作用。

(四)编研村志,使"记忆"保存流传

张店区重视文史资料的编研,曾编纂过《张店乡村记忆》,较为全面地记述了张店区乡村古迹、名人、传说等历史文化内容。全书选录记述了 153 个村,插图 260 余幅,共 62 万字,多方位、多角度地记录了张店区的乡村历史。此外,于 2017 年出版的大型综合性地方年鉴《张店年鉴》,获得了第五届全国地方志优秀成果奖,是一部主要由张店区党史与地方志研究中心编写的史册类官方文献,在传承张店区乡村历史和张店区文化名城建设中具有较高的文化价值。张店区档案局在史志工作方面有着指导编纂村志的任务,指导基层档案员根据村里的档案和其他历史材料进行村志的编研。村志,是村级档案编研成果,是真实记载乡村的历史变迁以及经济和社会发展状况,尤其是改革以来发展和变化的科学资料性著述[①]。村志一般以志为主,还包括述、记、传、图、表、录等多种形式。其内容包括指导思想、编纂原则、记述范围、志书体裁、篇目结构、志书断限、行文规则、立传标准、资料来源、特殊问题等方面。张店区村志编研具有多种特色:第一,以本村为记述范围,具有地方性的特点;第二,定期组织村志的编纂,具有连续性的特点;第三,内容丰富全面,记载本村的自然和社会情况,包含历史和现状,具有综合性的特点;第四,依托丰富且可信的档案资料进行编研,具有真实性的特点。通过村志的编研,乡村的发展更有底气——书写乡村历史,为时代发展注入历史智慧;发挥育人功能,凝聚乡村发展磅礴力量;汇集文化资源,借助专属文化资源进行乡村治理。存史,育人,资政,精神富裕为乡村物质富裕夯好坚实基础。

三、张店区乡村档案文化建设的特点

(一)润物细无声,深入村居民生活之中

张店区十分重视乡村文化、社区文化的建设。在许多村中,乡村文化、社区文化都依托于各种各样的载体,得到了充分的展现。通过对乡村档案的深度挖掘,提炼出村居民最易接受的、最能认可的乡村文化,建设文化广场、文化墙和文化长廊等,让乡村档案再次焕发出生命力。在村级乡村文化建设之中,村庄简介使本村人和外来人都能够更好地了解村庄历史,村风村训能够在村居民看得到的地方直观呈现出来,村文明之星的事迹能够得到更好的宣传,百孝篇展现了村庄对中华优秀传统美德的弘扬,家风家训记载了本村大姓世代相传的家族智慧。此外,这些分布在乡村各个角落的文化设施在宣传本村"乡村记忆"的同时,还发挥着多样的价值功能。通过村务公示,将部分可公开且应公开的财务档案、选举档案等村务档案进行公示,尊重人民的主人翁地位,充分体现基层群众自治制度的

---

① 李和平. 农村档案人员工作手册 [M]. 北京:中国档案出版社,2011:75.

优越性；通过村内干部职务公示、党员公示，让村居民遇事找得到人办，深刻体现了为人民服务的思想内涵；通过结合党史和国史，让广大村居民认识到村庄的命脉与国家的命脉血肉相连，深化村民的爱党意识和爱国热情，推动社会主义新农村建设和城市化建设在精神层面迈出关键一步。

（二）"乡村记忆"中处处有党的身影，党史、村史关系密切

乡村档案文化建设既是一项文化任务，又是一项政治任务。因此，要把握好乡村档案文化建设中的政治方向，始终牢记"档案工作姓党"。事实上，在张店区的最基层，乡村档案文化建设工作早已在点点滴滴中体现出了与党的密切联系。如张店区九级村的村史馆是和党史馆建在一起的，合称"党史村史馆"。之所以采取这样的设计方法，是因为九级村是在党的正确领导下发展起来的，九级村的村史早已与党史紧密联系起来，九级村村居民的幸福生活和乡村环境的变化，是在中国共产党的领导下取得的成绩。九级村从原先的粮食低产、经济落后、吃不饱、穿不暖到现在的家家小康，这种变化可谓是沧海桑田。将村史馆与党史馆建在一起、并为一馆，可以为广大村居民和青少年传递一个明确的信号——在中国共产党的领导下，我们的生活和各项事业日新月异；也只有在中国共产党的领导下，我们才能走向今天的幸福生活。这种历史性变化，不是空口无凭的，而是有真实可靠的老档案作为凭证的，对广大村居民和青少年起到了历史文化教育和思想引导的作用。再如，张店区的村志编研由张店区党史与地方志研究中心主持，同时张店区党史与地方志研究中心的主任也是张店区档案局的一把手。将党史编研与地方志编研设置在同一个机构下进行，也可以体现出档案部门"为党管档""为国守史"的使命与职责。张店区正在积极将档案馆与方志馆同步打造成为党政机关和人民群众共同拥有的档案史志文化体验中心、教育中心和宣传中心，助力新时代在文化层面的新发展。

（三）与村居民直接相关的档案优先保存

在乡村档案业务工作中，"人的档案最重要"得到了最充分的体现。

从理论上讲，在社会主义新农村建设中，档案工作应有以下侧重点：村务公开与民主管理档案、农业经营方式转型过程中的档案、农村城市化建设中的档案、农业经济科技档案、维护农民合法权益的档案、农村特色档案。其中，农村特色档案主要包括农村历史文化遗产、非物质文化遗产、旅游项目景点、民间艺术、村规民约、家谱族谱等类型的档案。[1] 可以看出，哪一类档案与村居民的利益关系更直接、更紧密，哪一类档案就更容易得到档案工作者和档案利用者的重视。在实际工作中，由于经济欠发达、基础设施较落后和档案意识的欠缺，很多乡村没有对本村的档案进行专门的保存与整理。但即使是这样，绝大多数乡村也都把与村民利益密切相关的财务档案、宅基地档案、选举档案等进行了保存，体现出了"人的档案最重要"的观念。

四、张店区乡村档案文化建设存在的问题

（一）乡村档案工作不受重视

档案工作的效益具有隐蔽性，它有时并不能直接创造价值，它的价值是依赖于社会利用被动产生的，受益对象和受益地点具有广泛性和模糊性。此外，档案工作的效益还具有滞后性和公益性的特点。这些都在一定程度上使档案工作成为政府工作中最难看见工作成绩的工作之一，同时上级部门存在对档案工作不够重视的情况，甚至忽视档案工作。该问题在张店区乡村档案文化建设工作中一直存在。乡村档案工作是农村工作中不被重视的一部分，很多村和社区从领导层面就没有认识到档案的重要性、不重视档案工作，导致档案人员配备不够，基层档案员常常身兼数职，给基层乡村档案文化建设增加了阻力，不利于基层乡村档案文化良性发展。

（二）社会档案意识尚较淡薄

社会档案意识是指社会全体成员对档案、档案工作的认识、看法，是

---

[1] 李和平. 农村档案人员工作手册 [M]. 北京：中国档案出版社，2011：21-22.

整个社会意识的组成部分之一,具有社会性[①]。档案工作的效益大多体现在其利用者身上,在一个欠缺档案意识的社会中,档案工作往往会被忽视或不被知晓,对档案的利用自然也就不够充分,而档案利用实践的缺失又会反作用于社会档案意识,如此形成一个恶性循环。在调研过程中,项目组成员发现张店区大部分村两委是重视档案工作的,对本村档案室的工作严格要求,积极组织档案部门工作人员接受区档案局的培训。但是,大部分村居民的社会档案意识情况并不乐观,主要暴露出了以下问题:第一,档案和档案工作常常与党和政治联系在一起,在刻板印象中"档案"与"机密"挂钩,于是广大村居民会产生对档案的敬畏感,对其敬而远之,更别提利用。第二,村居民文化水平有限,有些村居民尚不知"档案"为何物。第三,基层档案宣传工作尚不成熟,很多基层档案员身兼数职,无暇顾及档案宣传工作;还有很多基层档案员只是完成好上级部门安排的工作,缺乏对档案以及档案工作进行宣传的主动性。

(三)基层档案员专业素养尚欠缺

在张店区,很多基层档案员都不是"科班出身",而是在经过上级档案部门业务指导科的培训后上岗的。但业务培训受其培训时长影响,无法做到面面俱到,档案专业技能和职业素养也不可能速成,因此难免会影响基层档案工作的进行。此外,基层档案员更换频繁,也是基层档案工作面临的一个挑战。"新手"基层档案员在接受培训和积累了一定实践经验之后,刚刚对档案工作熟悉起来就被调走,又换上一个对档案工作"一窍不通"的"新手"。这种频繁更换基层档案员的做法,难免会使基层档案工作陷入一个"总是培训,总是培训不好"的怪圈。这也是基层档案员整体水平较低、档案意识较薄弱的原因之一。基层档案员专业素养的欠缺,不利于基层档案工作的开展。基层档案员对培训内容和要求的落实情况也并

[①] 邢慧. 社会档案意识形成过程透视——基于认识论的视角[J]. 北京档案, 2019(11): 19-22.

不乐观，张店区档案局业务指导科科长表示"基本95%都落实不了"，很多村级档案室依然是"怎么方便怎么来"，虽然这在短期的档案管理利用工作中体现出了一定的便利，但并不利于乡村档案工作长期的、系统性的、可持续的发展。很多村并不系统保存文书档案，只是少量地保存着一些所谓"有用的"、和人的切身利益相关的档案，所以他们会找各种理由回避区档案馆工作人员的督导与检查。有些村甚至出现在村两委换届时把上一任班子的相关档案全部销毁的情况，可见部分乡村档案员不仅缺乏职业素养，更缺少职业操守。

即使是在乡村档案工作做得较好的九级村，乡村档案工作也存在着不完善的地方。在党史村史馆里，陈列着金鸡塔寺遗存文物"八棱碑"。而在"八棱碑"的原址，金鸡塔的底座和两块石碑矗立在室外，在没有任何保护措施的情况下，经历着风吹日晒。其中一块碑上的文字已损坏严重、模糊不清、难以辨认，另一块碑上的文字大多还依稀可辨，是刻于道光十三年的《重修碑记》。项目组成员推测，两块碑的碑文应该是不同年代的《重修碑记》。《重修碑记》作为在一定历史背景下的社会实践活动中直接形成的石刻档案，承载着清晰、确定的固化信息，具有原始记录性，具有较高的历史文化价值。"八棱碑"因其具有相当的历史文化价值和宗教文化价值，所以得到了妥善的安置和保管。但其他两座石碑的历史文化价值也是绝对不容忽视的，它们一方面记载着金鸡塔"八棱碑"的历史，一方面体现着《重修碑记》本身所处历史背景下的社会情况。因此，九级村档案工作人员仅仅把它们看作是"八棱碑"的附属品的做法是欠妥的。

五、张店区乡村档案文化建设的发展方向

（一）要从行政层面上更加重视档案工作，赋予档案部门更大能量

档案从经济、文化、政治等各个方面都对中心工作起着重要作用，建立规范的村级档案室和完善档案交接手续，是村级各项事务完整传承的重要一环。面对在农村工作中对乡村档案工作重视程度不够的情况，建议相关上级政府部门从行政方面把档案工作提到更重要的位置上来，要加强镇、街道对所辖村、社区的档案指导和监督的力度，要为档案部门对各村落采取必要的档案行政执法提供保障，要为乡村档案部门各项工作的推进提供支持和便利。

(二) 鼓励推进档案宣传工作，提高社会档案意识

乡村档案作为群体性记忆的外化体现，需要特定乡村群体内成员的广泛参与。社会档案意识的欠缺给档案工作增加了困难，必须采取措施改变这一现状才能更好地助力档案事业的发展。实践是认识的来源，认识是在实践中产生的。广大群众的档案意识主要来源于他们亲身参加的与档案有关的社会实践活动，比如从事档案职业工作、前往档案馆查档、观看档案实体、收看档案类电视节目等。因此，要在全区大力推进档案宣传工作，借助互联网和多媒体平台，线上线下相结合，给予群众更多了解档案、认识档案、接触档案的机会，使广大人民群众了解和认可档案工作，支持档案工作的发展。唯其如此，广大村居民才愿意参与张店区乡村档案文化建设，构建起互动开发模式，为全区各村档案文化建设提供源头活水，才懂得利用张店区乡村档案为自己服务，让本区乡村档案文化建设工作的价值真正得到彰显。

(三) 做到吸纳档案专业人才与培训基础档案员两手抓

由于乡村档案资源具有长期发展、不断变化的特点，所以以乡村档案资源为工作对象的乡村档案文化建设也必然是一个长期、持久、动态的过程。目前张店区基层档案员大多非科班出身，业务能力较差，专业素养不足，档案意识较薄弱。张店区档案局业务指导科工作人员主要就文书材料的收集、整理、编目、保管和利用等方面内容对基层档案员进行培训。但由于基层档案员更换频繁，基层档案工作"总是培训，总是培训不好"，无法从根源上可持续地提高和保持基层档案工作者的业务水平，不利于乡村档案文化建设的稳步推进。所以，档案部门要积极吸纳档案学专业人

才，向村和社区等基层档案室输送专业人才，并出台相关政策留住人才，如此方可为乡村档案文化建设提供强有力的人才支撑。所以，在乡村档案文化建设过程中，要做到吸纳档案专业人才与培训基础档案员相结合，两手都要抓，两手都要硬。

（四）积极推进乡村档案文化数字化建设进程

在信息社会，在"万物皆比特，一切皆连接"的互联网时代，数字化成为档案界的前沿话题与热点。人类可以依靠数字技术在虚拟空间建造一个更加聚合、更易取用、更重体验、更加安全的"记忆宫殿"①。区档案部门应紧跟时代浪潮，吸纳数字化专业人才或将数字化工作进行外包，优化乡村档案的保管与利用，深度挖掘张店区乡村档案中蕴含的地区特点与文化特色，更好地实现其现实查考价值与历史文化价值。

六、结语

山东省乡村档案文化建设任重道远。从背景层面看，乡村档案文化建设回应了时代关切，具有必要性和可行性；从内容层面看，乡村档案文化建设在多个方面取得了进展；从特点层面来看，山东省乡村档案文化建设有其独特性；从现存问题和发展方向层面看，山东省乡村档案文化建设工作存在一定问题，但有较为明确的解决方法和发展方向，前景光明；从意义层面来看，乡村档案文化建设价值较高，功在当代，利在千秋。

通过对张店区乡村档案文化建设的研究，不难发现，在乡村档案文化建设方面，理论与实践之间还是存在一定差距的，这一方面要求我们要在实践中不断接受理论指导，汲取理论当中的智慧，另一方面也要求我们要依据实践不断完善理论。

特别感谢张店区档案局业务指导科李方科长、九级村两委张崎副主任对项目组成员的支持和帮助，他们介绍了乡村档案文化建设的实践情况，

---

① 加小双，徐拥军. 国内外记忆实践的发展现状及趋势研究［J］. 图书情报知识，2019(1)：60-66.

为本调研提供了丰富的资料，使调研能够更好地呈现出来。

第二节　红色档案建构乡村记忆的功能与路径
——以临沭县朱村为例

2021年7月，习近平总书记对档案工作作出重要批示："要把蕴含党的初心使命的红色档案保管好、利用好，把新时代党领导人民推进实现中华民族伟大复兴的奋斗历史记录好、留存好，更好地服务党和国家工作大局、服务人民群众！"[1] 该批示体现了总书记对红色档案及其保管利用的高度重视。目前学界对于红色档案的定义莫衷一是，大致有两种说法：一种认为红色档案是在1919年至1949年期间，中国共产党带领全国人民开展革命斗争的历史档案记录[2]；另一种认为红色档案是1919年以来，由党领导的单位、组织、个人在经济、政治、文化、科技、军事、社会等各个领域中形成的档案记录，该观点认为红色档案的时间跨度比较长，并不是一个封闭的时间段[3]，笔者采纳第一种观点。我党在中国广阔农村中留下了艰苦奋斗、军民互助的大量红色档案，为当地积累了丰富的红色资源，但随着城镇化速度的加快，许多乡村面临着人口老龄化、空心化的现象，传统乡村面临着记忆断层的危机。随着老一辈人的逐渐离去，"集体失忆"问题愈加严峻，如何运用当地丰富的红色档案建构起村庄独特的乡村记忆，是新时代乡村档案文化建设的新课题。目前学界对于红色档案记忆的研究主要聚焦于红色档案的开发利用，包括从数字记忆角度为红色档案开发利用提供新方法和新理论；立足实践总结加强红色档案记忆资源建构的

---

[1] 黄丽华. 深刻领会重要批示精神，为档案保护工作高质量发展贡献力量[N]. 中国档案报，2021-10-28（1）.
[2] 韦丽阳，熊建芳. 挖掘红色档案价值　传承红色基因——以湘江战役档案为例[J]. 城建档案，2021（12）：153-155.
[3] 郑慧，农扬宇. 红色档案：认知、交集与辨析[J]. 档案管理，2021（4）：19-21.

过程；从建构群体认同角度阐述红色档案资源开发的逻辑理路等方面。研究不足在于，学界对于红色档案记忆建构的关注主体多是县级以上综合档案馆，较少关注村级红色档案记忆的建构问题。党在革命时期的红色档案大量散布于广大红色乡村之中，新时代红色乡村如何利用本地丰富的红色档案资源建构乡村记忆、凝聚乡村精神、提升经济效益是摆在学界和业界面前的新命题。因此，本节以山东临沭县朱村红色档案资源开发利用的优秀实践为例，从档案记忆观的视角探讨红色档案建构乡村记忆的路径，以期为学界和业界相关研究与实践提供借鉴。

一、朱村红色档案资源及其开发利用概述

临沭县隶属于原苍马地区，临沭县朱村是山东省著名的红色革命圣地，是沂蒙山区军民抗战的典型代表，在党的帮助下，朱村村民和党的军队严密配合击退日伪军和反动派。朱村具有浓厚的红色革命传统，档案与文史资料中有不少记载，如《临沭县文史资料》（第二辑）详细记录了自1940年以来八路军帮助苍马地区解放、苍马地区建党建军[1]、1941年曹郭庄战役以及1944年涉及朱村的重要战斗场面等[2]；《临沭县志》第十一卷军事卷详细记载了临沭县作为中国共产党山东滨海重要战区，在党的重要领导人带领下进行的系列大小战事[2][3]；现有革命历史档案也记录了抗战期间当地人民与老四团钢八连军民互助、共同抗击日伪军的革命战斗情谊。此外，朱村自身也非常注重包括红色档案在内的乡村历史和现行档案的收集、保管和利用。朱村档案资源丰富完整，保存较好，包括会计、土地、文书、组织等10类7000多卷（件）档案，较为完整地记录了新中国成立前后迄今的历史轨迹。近年来，朱村依托这些丰富的红色档案资源，建设了"一心五馆四街五巷一基地"的重点项目，在原有朱村抗日战斗纪

---

[1] 临沭县政协文史资料委员会. 临沭文史资料：第2辑［M］. 临沂：临沭县政协文史资料委员会，1987：3-23.
[2] 山东省临沭县史志编纂委员会. 临沭县志［M］. 济南：齐鲁书社，1993：23-58.
[3] 山东省临沭县史志编纂委员会. 临沭县志［M］. 济南：齐鲁书社，1993：201-228.

念馆基础上又建设了五个新馆,其中"沂蒙支前馆""朱村村史档案馆"和原本的朱村抗日战斗纪念馆都以图文并茂的方式形象展示出朱村的红色档案和故事。2013年,习近平总书记专程考察朱村,观看抗战初期就建立党组织的支前模范村村史展①②。

二、档案记忆观视角下红色档案建构乡村记忆的功能

国内学者如丁华东、冯惠玲、徐拥军等对档案记忆观有诸多论述,徐拥军教授认为,"档案记忆观主要是指从集体记忆、社会记忆视角对档案、档案工作及档案工作者的系统认知,同时还包括从档案学视角对集体记忆、社会记忆及其建构的独特认知"③[83],档案记忆观思想内涵丰富,主要包括:第一,档案是建构社会记忆的不可替代要素;第二,档案工作是建构社会记忆的受控选择机制;第三,档案工作者是建构社会记忆的能动主体;第四,档案记忆促进身份认同③[84]。红色乡村拥有丰富的具有当地历史背景的红色档案,这是红色乡村借助红色档案重构当地乡村记忆的前提;红色乡村档案工作者有选择地利用具有典型意义的红色档案,并通过多种形式对其进行再现和展陈是建构当地红色乡村记忆、促进村民身份认同的必经之路。

(一)红色档案对于乡村记忆的解释功能

保罗·康纳顿认为,"记忆的恢复借助了外来原始资料"④,丁华东也认为"档案是社会记忆的物化形态,是'冻结'起来的社会记忆,是'固化的记忆',是社会记忆的客观对象"⑤。可见,人们翻阅档案之时可

---

① 杨希坡,崔平,薛红.传承红色基因 服务乡村振兴——山东省临沭县着力打造高标准村级档案馆[J].中国档案,2019(7):30-31.
② 徐锦庚,王沛.小村档案馆 见证变迁留住根[EB/OL].(2019-06-14)[2020-02-11].http://society.people.com.cn/n1/2019/0614/c1008-31136226.html.
③ 徐拥军.档案记忆观的理论与实践[M].北京:中国人民大学出版社,2017:83-84.
④ 保罗·康纳顿.社会如何记忆[M].纳日碧力戈,译.上海:上海人民出版社,2000:9.
⑤ 丁华东.档案记忆观的兴起及其理论影响[J].档案管理,2009(1):16-20.

以建构人们对往事的记忆。详细记载朱村革命斗争历史的红色档案构成了朱村红色记忆的基础，朱村的红色档案开发实践让尘封在档案中的朱村红色记忆重新活跃起来，红色档案故事的多样化展陈对解释当年的战争历史有着重要作用，通过多种直观形式的档案展示以及讲解员的解析，可以在特殊的场域下把人们带回当年的历史，从而增强红色档案建构历史往事的功能作用。对于经历过当年战事的老人来说，这是往事的再现；对于未经历过当年峥嵘岁月的青少年或中年人来说，红色档案在他们脑海中通过文字、影像建构起真实历史，让村民真切感受到当年朱村经历的战斗往事，村民在这个过程中不断地重温历史，强化记忆，建构起代代朱村人的共同记忆。

（二）红色档案对于乡村精神的塑造功能

档案记忆可以促进身份认同，身份认同进一步衍生出共同的区域精神从而提高区域凝聚力。冯惠玲认为，"档案在多数情况下并不直接产生认同，而是通过参与建构、重建、强化集体记忆来实现身份认同"[①]。一个地区在特殊的战争年代形成的丰富红色档案有利于唤醒沉淀于红色乡村村民血液中的红色精神。通过挖掘区域红色历史故事能够发扬地区在战争年代的优良精神、建构区域集体记忆，并且可以结合新时代的背景发展新时代乡村精神内涵。红色朱村在建设过程中注重用多种形式生动再现历史档案中的革命故事，将流淌在乡村中的革命精神以通俗易懂、传播性强的形式表现出来。如朱村村民自编自导了一部情景剧《第一碗饺子祭英烈》，这部情景剧主要演绎了朱村村民70年来过年头碗饺子祭英烈年俗的由来，表达了对1944年在除夕夜对抗日伪军、解救朱村村民却长眠于朱村地下的24位老四团钢八连战士的崇敬之情。朱村村民利用情景剧这种形式对朱村独有的红色故事加以建构，使之在民众中得到广泛传播。情景剧不断地演出，真实的革命历史在朱村后人的记忆中不断得到巩固，有利于朱村

---

① 冯惠玲. 当代身份认同中的档案价值［J］. 中国人民大学学报，2015（1）：96-103.

后人建立起对朱村革命历史的集体记忆，增强身为红色朱村村民这一特殊身份的认同感。朱村结合纪念馆和情景剧深入挖掘朱村红色档案，推动红色档案的开放与共享，为朱村村民营造了一个极富身份感和归属感的环境，有利于进一步塑造符合当地历史气质、促进当地发展的乡村精神。

（三）红色档案对于记忆工程的深化功能

面对传统古村落加速消亡的现实，全国众多省市在21世纪初开展了"乡村记忆工程"，其中山东乡村记忆工程是由省文物局牵头开展的一项保存传统文化的长期性工程，取得了显著的阶段性成果。工程注重文化遗产的真实性和整体性保护，注重建设乡村博物馆，收集具有当地特色记忆的文化遗产进行展陈，借助物质凝固某个时间段的记忆，保存当地的特色文化[①]。乡村红色记忆是乡村记忆的重要分支，沂蒙山区作为革命圣地，与井冈山、延安一起被称为中国三大老革命根据地，长期的革命战斗历史给这片土地上留下了大量革命历史档案。山东乡村记忆工程侧重于对文化遗产的抢救性保护，而乡村红色记忆的建构更偏重于精神层面的塑造。与古村落不同，红色乡村可能不具备丰富的物质文化遗产，但近代革命战斗经历赋予了它们精神和灵魂。在山东乡村记忆建设工程中，对于那些传承上千年却因城市化发展而逐渐消失的古村落，更多应从"抢救"和"保存"的角度进行资源建设与开发，但对红色乡村来说，应借助红色档案资源，从"挖掘"和"建构"角度出发把当地浓厚的红色精神有组织、有意识地建构起来，在新时代下重构、强化当地的红色集体记忆。因此，红色档案及其保护开发可以深化山东乡村记忆工程的内涵，革新记忆工程的发展路径，推动构建更为完整的乡村记忆。

三、红色档案建构乡村记忆的难点与困境

红色档案蕴含着党的初心使命，也孕育了红色乡村的乡村精神和气

---

① 张娅. 浙江山东两省乡村记忆工程的比较与思考[J]. 档案, 2016（2）: 4.

质。但当前许多红色乡村受种种条件制约,在红色档案的保管开发实践中面临着资源、管理、利用方面的诸多难点和困境,极大地制约了红色档案构建乡村记忆功能的实现。

(一) 资源投入不足,档案实体受损

档案是建构社会记忆的不可替代要素,利用红色档案的前提是能够妥善保存红色档案。但受各种条件制约,许多乡村红色档案的保护现状堪忧。村级组织与县级和市级相比普遍存在着资金、人才、设备等资源不足的现实情况。此外,红色乡村在乡村类型中是一种特殊存在,出于近代革命战争的需要,红色乡村大多位于偏僻山区,相较于地理位置优越的乡村,许多红色乡村的经济发展水平更为滞后,档案资源建设的资金短缺、设施陈旧、专业人才缺失的现象也更为突出,这给红色档案的妥善保管和开发利用带来了极大障碍。一旦红色档案的实体受到损毁,依托于红色档案的记忆建构便失去了支撑,地区记忆建构难以为继,红色记忆也会随着时间的推移,随着亲历者的逝世而逐渐消失。

(二) 管理水平落后,功能发挥受限

根据档案记忆观的观点,档案工作是建构社会记忆的受控选择机制,档案工作者是建构社会记忆的能动主体。许多红色乡村虽具有丰富的红色档案资源,但是由于缺乏专业的档案人才,大多数乡村红色档案尚处于分散状态,整理、保管、利用工作尚未系统性开展,这极大地制约了红色档案对乡村记忆的解释与塑造功能。曾诗晴等认为,"人们需要这种(景观,笔者加)对过去具有唤起功能的有形提醒"[1],以激发人在场所中的情感认同和身份认同。而没有经过系统科学整理的红色档案利用十分困难,不具备完整系统讲述地区红色故事的功能,难以呈现完整的历史脉络,不能为当地村民营造记忆场景,不能激起当地村民的身份认同感,在利用当地

---

[1] 曾诗晴,谢彦君,史艳荣. 时光轴里的旅游体验——历史文化街区日常生活的集体记忆表征及景观化凝视[J]. 旅游学刊,2021,36 (2):70-79.

红色资源打造乡村精神、凝聚乡村共识方面的功能大打折扣。

(三) 挖掘深度较浅，利用形式单一

目前我国红色档案资源的挖掘以粗放型的挖掘为主，挖掘力度不高，缺乏系统性的建设。伴随着挖掘深度较浅而出现的是档案利用形式单一。当前对于红色档案的开发利用并没有结合红色档案自身的特点，根据革命历史情景进行创新性展示，而是停留在对档案文本和图片的简单呈现等传统展陈阶段，形式单薄，难以引起人们的共鸣。"集体记忆的存储与传播需要依赖具体的介质传递，没有媒介载体的记忆传递是不存在的"[1]，因此，要想充分发挥红色档案在建构乡村记忆方面的作用，应利用多种媒介对当地红色档案进行多种形式的开发利用。尤其是在乡村这个特殊的环境中，开发利用红色资源、建构红色记忆更应注重形式的"接地气"，高高在上的文化说教形式在乡村的传播范围有限，传统的文字展陈和图片展示由于缺乏趣味性在乡村中的受众有限。红色档案在当地村民中的传播范围和效果决定了红色档案建构地区乡村记忆的成败。如果红色档案的利用范围小、形式不受大众欢迎且不具备可持续性，其建构地区记忆的范围就会大大受限，利用红色档案建构起整个乡村的集体记忆更是天方夜谭。

四、档案记忆观视角下红色档案建构乡村记忆的路径

档案记忆观要求在利用档案建构社会记忆时要依据丰富的档案资源，结合科学档案管理工作，充分发挥档案工作者"贯穿于过去、现在与未来之间，沟通于形成者、档案和利用者之间，充当社会记忆建筑主建筑师"的角色功能[2]，有选择地对档案进行挖掘，同时通过吸纳社会公众的参与以及对档案的多种形式的利用呈现为公众构建身份认同，促进区域记忆的

---

[1] 潘晓婷，陈莹. 记忆实践：传播学视域下集体记忆研究的路径转向 [J]. 新闻界，2021 (7)：55-63.

[2] 特里·库克. 四个范式：欧洲档案学的观念和战略的变化——1840 年以来西方档案观念与战略的变化 [J]. 李音，译. 档案学研究，2011 (3)：81-87.

产生,这为红色乡村利用红色档案建构乡村记忆提供了方向性思路。

(一)争取政府支持,鼓励社会参与

红色档案管理资源投入不足是红色乡村普遍面临的问题。在现有条件下,仅仅依靠村庄自己来解决这个问题短时间内恐怕难以实现,因此,红色乡村应积极争取包括地方政府在内的社会各界力量的大力支持和广泛参与,促进红色档案资源的妥善保管和高效利用。一方面,红色乡村应充分利用政策红利,争取当地政府在政策和资金方面的大力支持。如临沭县朱村积极争取临沭县档案馆的资金、技术和业务支持,并于2013年获批成立朱村档案馆,为更好地讲述当地的红色故事打下坚实的物质基础。另一方面,红色乡村还应调动包括本村村民在内的社会各界力量参与红色档案的征集、整理和利用过程,共同建构区域集体记忆。如临沭县朱村档案馆启用大量本地村民,吸纳年轻人参与村史建设和讲解工作,为朱村的红色记忆传承增添了新的力量支撑,是解决档案资源建设人才队伍缺乏的一个新思路。红色乡村还可以与区域内档案专业院系建立合作关系,借助大学的专业能力和前沿研究为新时代红色乡村利用红色档案建构乡村记忆提供多种方案和思路。此外,社会中相关文化团体也可以成为红色乡村挖掘红色档案价值、建构集体记忆的新力量,如常州新丰苑村史档案馆在建设之时就涵括了"和源——村史研究文化协会"、社区居委会、街道、常州开放大学、常州工学院等多类主体[1]。

(二)提升管理水平,释放档案功能

针对当前许多红色档案分布散乱、管理水平低下、征集不足等现实状况,红色乡村需要切实提高档案管理水平,首先要形成完善的红色档案资源建设方案,利用社会各界力量把分散的红色档案尽可能地收集起来,做好红色档案数量统计,妥善保存档案,有条件的地方可以建立村史档

---

[1] 汪茜. 乡土社会的留声机:我国村级档案馆建设探索及启示[J]. 北京档案, 2020(11): 3.

馆，尽可能吸纳档案专业人才，为今后对红色档案进行全方位开发利用奠定基础。档案馆作为一种典型的记忆之场，它存在的理由是将其象征意义最大限度地封锁在固化的场域之中，让已经或正在流失的时间暂时静止下来，让无形的东西有形化，从而巩固记忆减缓遗忘[①]。如临沭县朱村在2013年成立朱村村史档案馆，以档案馆为根据地，在征集红色档案、档案整理编目、挖掘红色档案故事等方面有了长足进步，而且逐渐发展出形式多样的红色档案演绎形式，受众范围不断扩大，充分发挥了红色档案建构区域记忆的具体功能。

（三）深挖档案资源，丰富利用形式

档案是建构社会记忆不可替代的要素，具有丰富的红色档案资源的区域应该充分利用自身优势，深度挖掘现有资源，讲好红色档案故事，这是建构区域红色记忆的基础。建构区域档案记忆、传承红色脉络不能仅仅依靠传统的展览形式，应该以多样化形式对红色档案资源进行立体化呈现，为本地村民营造具有高度身份感和认同感的场景，让红色记忆在村民心中不断加深。朱村对其拥有的红色档案资源进行创新性转化和利用，不仅利用传统的展览方式对红色档案进行文字上的挖掘和展示，而且采用情景剧的方式让红色记忆更加鲜活生动；朱村在发展红色旅游的同时也设置了红色体验环节，让村民和游客置身于特定时代的特殊场景，在实地体验中加深红色记忆；此外，朱村还利用现代化传媒手段，开设了"红色朱村"微信公众号，发布相关信息，展示红色档案，为村民更好地了解朱村、构建身份认同提供了多元化渠道。

五、结语

习近平总书记对红色档案保管利用的最新指示为保存有大量红色档案的红色乡村带来了新的发展机遇。山东临沭县朱村充分利用红色档案资

---

① 皮埃尔·诺拉. 记忆与历史之间：场所问题 [M]. 黄艳红, 译. 南京：南京大学出版社, 2015：76.

源，创新形式讲好本地红色故事，在不断再现和演绎红色历史的过程中建构起村民的身份认同和集体记忆，成为红色资源建设与精神塑造的典范。希望更多的红色乡村能够构建起红色档案开发利用的长效机制，助力乡村记忆传承和文化振兴。

结束语

　　山东省是中国经济文化大省,也是中华文明的重要发祥地,在乡村振兴过程中应充分挖掘和体现自身的文化特色和优势,而乡村档案文化建设正是体现山东乡村厚重文化特色的重要路径。但这一有效路径在现实实践中却常常被人们所忽视或漠视。笔者认为,乡村文化遗产保护基本可以分为三个层级:在乡村文化遗产保护的第一层级,一般注重保护的是乡村的传统建筑、文物古迹等有形载体,我国乡村传统建筑或文物目前基本实现了良好保护;乡村文化遗产保护的第二层级,则将乡村的风土民俗、传统手工技艺、节庆庙会等非物质文化遗产纳入保护范畴,随着国家对非物质文化遗产保护的重视,大量濒临消失的非物质文化遗产也得到了有效保护和传承;但这仍然不够,因为这些依然是乡村的外在表现形式,依然是乡村保护的"面子工程",而没有抓住乡村精神的内核和"里子",因此,这就需要更高的第三层级的乡村文化遗产保护,那就是保护作为传统乡村精神载体的乡村档案,包括族谱宗谱、村规民约、村史村志、口述档案和回忆录、照片、录音录像、乡村文件等乡土档案资源,这才是蕴含深厚乡村精神和灵魂的珍贵财富。传统建筑和文物可以修复甚至重建,非物质文化遗产可以口传心授,代代相传,但乡村档案资源如果不加紧开展抢救性建档和保护,随着城镇化进程加快和合村并居工作的开展,它将永远从人们的记忆中消失,使得乡村只剩一个建筑空壳或者记忆,传统乡村精神一去不返。

因此，山东省在大力推进城镇化建设、提升乡村发展后劲的同时，应从保护和传承乡村文化的长远战略出发，充分利用自身丰富的乡村文化资源和深厚的文化底蕴的优势，加快脚步大力开展乡村档案文化建设，变自身潜在的文化优势为现实文化优势和未来的产业优势，使乡村文化遗产保护更加全面和立体化。即使将来的乡村"合村并居"、物是人非，但乡村的文化血脉得以保存流传下来，如此一来，乡村振兴不仅仅实现了经济振兴，更加实现了乡村历史文化的传承和振兴，乡村文化建设效益得以持久迸发。

当然，就像家庭档案，虽然很美但并不能有效普及一样，乡村档案文化建设同样面临这一难题，因为它是一个大型系统工程，需要政府、社会、公众的有效互动，需要外部环境的有力支撑，也需要领导者的高度文化觉悟和施政智慧。国内的一些先进地区，如浙江、福建等地已经觉察到了这一文化机会，率先开展了一些成功的探索和实践，这为山东提供了宝贵的经验借鉴。但别人家的灯火毕竟无法照亮自家的后院，摆在山东面前的依然是两条路，一条是勇敢向前，借鉴国内外先进经验，脚踏实地地登上灯火通明的文化高地，继续扛起文化强省的大旗；另一条是停滞徘徊，无视乡村文化财富和精神，在城镇化大潮中加速"合村并居"，变成千村一面、泯然众人的乡村文化荒原。何去何从？这考验着施政者及公众的文化建设智慧和勇气。希望山东乡村档案文化建设能够早日提上日程，收获累累硕果，为乡村文化振兴独辟蹊径，让齐鲁大地的世代百姓真正"望得见山，看得见水，记得住乡愁"！

参考文献

一、中文文献

专著：

1. 丁华东. 城乡档案记忆工程推进机制研究［M］. 北京：人民出版社，2021.

2. 高连义. 记忆桓台：乡村篇·唐山镇［M］. 济南：山东画报出版社，2017.

3. 李友梅，肖瑛，黄晓春. 社会认同：一种结构视野的分析——以美、德、日三国为例［M］. 上海：上海人民出版社，2007.

4. 梁漱溟. 乡村建设理论［M］. 上海：上海人民出版社，2006.

5. 哈布瓦赫. 论集体记忆［M］. 毕然，郭金华，译. 上海：上海人民出版社，2002.

6. 厦门市档案局（馆）. 乡愁的寄托——厦门市"乡村记忆档案"示范项目建设资料汇编［M］. 内部资料，2018.

7. 厦门市集美区档案局，厦门市灌口镇田头村村民委员会. 田头记忆［M］. 北京：人民日报出版社，2017.

8. 王改娇，张辉，宗艳芹. 农村档案管理［M］. 北京：中国社会出版社，2010.

9. 徐欣云. 传统村落档案"泛化"现象及管理模式研究［M］. 杭

州：浙江大学出版社，2021.

10. 由少平. 山东省"乡村记忆"工程政策法规选编［M］. 北京：中国建筑工业出版社，2016.

11. 中国文化书院学术委员会. 梁漱溟全集：第一卷［M］. 济南：山东人民出版社，2005.

12. 周乾松. 中国历史村镇文化遗产保护利用研究［M］. 北京：中国建筑工业出版社，2015.

13. 朱天梅. 乡村振兴视野下少数民族传统村落档案资源开发研究［M］. 哈尔滨：黑龙江人民出版社，2021.

期刊：

14. T.库克，李音. 铭记未来——档案在建构社会记忆中的作用［J］. 档案学通讯，2002（2）.

15. 安宏清. 传统村落档案管理工作初探［J］. 北京档案，2017（5）.

16. 曹航，李洋. 乡村振兴背景下我国乡村档案保管机构建设现状：一个简要评述［J］. 档案管理，2019（4）.

17. 曹玉. 我国档案文化价值体系建设的理性思考［J］. 档案学通讯，2014（2）.

18. 陈明，刘迎红. 从拒斥、选择融入到融合：社群档案建构城乡记忆的路径博弈［J］. 档案与建设，2019（7）.

19. 陈念禧. 修志问道留乡愁 主动服务振乡村——福建省莆田市"乡村记忆档案"示范项目建设综述［J］. 中国档案，2020（2）.

20. 陈伟斌，张庆顺. 乡村记忆档案文化创意产品的开发与利用［J］. 北京档案，2019（11）.

21. 陈伟斌. 用档案留住乡村记忆［J］. 中国档案，2017（3）.

22. 陈燕萍. 乡村档案记忆建构路径［J］. 浙江档案，2013（2）.

23. 陈阳. 基于知识图谱的我国传统村落文化建档保护研究述评

[J]．北京档案，2017（5）．

24. 楚艳娜．乡村记忆理论和实践研究述评[J]．浙江档案，2016（11）．

25. 戴翠萍，许月明．建立农村精英资源档案之必要性的研究[J]．档案，2006（4）．

26. 档案工作在乡村振兴战略中大有可为[J]．浙江档案，2018（5）．

27. 档案史料见证中国农村民主自治历史[J]．兰台世界，2010（11）．

28. 丁华东．讲好乡村故事——论乡村档案记忆资源开发的定位与方向[J]．档案学通讯，2016（5）．

29. 丁华东．论社会记忆数字化与乡村档案记忆工程推进策略[J]．档案学通讯，2015（4）．

30. 丁华东．在乡村记忆保护传承中不能缺位——论城乡档案记忆工程推进的现实必要性与存在合理性[J]．档案学研究，2016（4）．

31. 丁越飞，何力迈，夏振华．打造"乡村记忆"基地 助推农村文化礼堂[J]．浙江档案，2014（2）．

32. 杜桦．留住乡村记忆 传承乡村历史——南京市浦口区口述史采集编纂工作创新与实践[J]．档案与建设，2019（11）．

33. 杜俊河．青岛市崂山区为村落古树建档[J]．兰台世界，2012（7）．

34. 费小平．用照片档案记录中国农村的历史变迁——浅谈农村照片档案的收集[J]．浙江档案，2003（5）．

35. 冯惠玲，梁继红，马林青．台州古村落数字记忆平台建设研究——以高迁古村为例[J]．中国档案，2019（5）．

36. 冯子直．论档案文化[J]．档案学研究，2005（3）．

37. 高萍. 社会记忆理论研究综述［J］. 西北民族大学学报（哲学社会科学版），2011（3）.

38. 规范档案管理为农村两个文明建设服务［J］. 湖北档案，1993（6）.

39. 何力迈，祝安钧，金剑栋. 共建村民们的精神家园——绍兴县乡村记忆基地为重要文化场所［J］. 中国档案，2012（6）.

40. 何思源. 守护乡村记忆：传统村落建档研究［J］. 档案学研究，2017（5）.

41. 洪泽文，徐拥军. 乡村记忆工程建设的问题与对策——以浙江省慈溪市乡村记忆工程为例［J］. 浙江档案，2017（11）.

42. 华林，邱雨晖，李莉. 乡村治理视域下云南少数民族乡规民约档案文献发掘研究［J］. 档案管理，2021（3）.

43. 姜纪云. "互联网+"时代下创建乡村记忆示范基地的几点思考［J］. 档案学研究，2016（2）.

44. 姜克银. 宁夏回族村落民俗文化档案资料整理研究［J］. 兰台世界，2012（11）.

45. 姜群英. 乡村档案文化建设若干思考［J］. 浙江档案，2013（1）.

46. 蒋国勇，易涛. 社会认同视野下乡村档案文化建设的困境与突破［J］. 档案学研究，2014（3）.

47. 蒋国勇，应小丽. 社会认同视野下乡村档案文化建设的实践逻辑——基于浙江省畈田蒋村的调查分析［J］. 档案学通讯，2014（1）.

48. 蒋国勇. 社会认同视野下的乡村档案文化建设类型与特点［J］. 浙江档案，2012（8）.

49. 蒋国勇. 社会认同视野下乡村档案文化建设的长效机制研究［J］. 浙江师范大学学报（社会科学版），2013，38（6）.

50. 蒋锦萍. 加强历史文化村落档案工作的若干思考［J］. 浙江档案，

2018（4）.

51. 景艳. 不断提高建档水平，为农村"两个文明"建设服务［J］. 兰台世界，2000（7）.

52. 兰东兴. 档案建设视角下的传统村落影像记录［J］. 原生态民族文化学刊，2020，12（1）.

53. 李持真. "档起回声 案存记忆"——海宁市许村镇张惠烈家庭档案馆创建工作纪实［J］. 浙江档案，2017（7）.

54. 李东森. 光影流声绘新村 与时俱进促发展——对村镇建设档案中声像档案建设的思考［J］. 档案与建设，2014（5）.

55. 李健，王运彬. 传统村落档案管理路径转型——从人文引导管理到文化生态复兴［J］. 浙江档案，2018（10）.

56. 李丽. 新农村建设中民间文化档案的管理［J］. 中国档案，2009（9）.

57. 李相君. 济源市农村档案室藏情况调查［J］. 档案管理，2015（2）.

58. 李雪彦. 农村道德实践先进人物之档案建设：村落维系与发展中的重要课题［J］. 山西档案，2015（2）.

59. 李洋，曹航. 乡村档案资源开发方向嬗变：让村志登上乡村舞台——以"中国名村志文化工程"为例［J］. 北京档案，2019（8）.

60. 李友梅. 重塑转型期的社会认同［J］. 社会学研究，2007（2）.

61. 林素云. 发挥基层档案在新农村文化建设中的作用［J］. 山西档案，2014（1）.

62. 刘佳慧，王云庆. 档案部门参与我国传统村落档案工作的方式——档案部门与传统村落合作关系建构探析［J］. 档案学研究，2017（2）.

63. 刘佳慧. 记忆观视角下我国传统村落档案工作的方式与价值

［J］．档案与建设，2016（8）．

64. 刘芮．结构化理论视域下乡村治理的档案利用服务体系建设——以浙江德清为例［J］．浙江档案，2019（6）．

65. 楼炽阳．要重视新农村文化建设中的档案管理［J］．浙江档案，2006（10）．

66. 卢林涛．传统村落档案数字资源库建设关键构件研究［J］．浙江档案，2018（9）．

67. 吕永明．以"乡村记忆档案"项目建设推动村级档案工作高质量发展［J］．档案与建设，2019（1）．

68. 马炼鸿，顾琪琪．发掘档案文化 助力乡村振兴［J］．中国档案，2019（3）．

69. 满艺，王萍．传统村落建档式保护现状及策略研究［J］．档案与建设，2017（7）．

70. 倪丽娟．基于乡村振兴战略的乡村档案信息资源建设战略思考［J］．档案学研究，2018（3）．

71. 庞海青．乡村文化与新农村文化建设［J］．人民论坛，2010（17）．

72. 彭恒礼．论壮族的族群记忆——体化实践与刻写实践［J］．广西民族研究，2006（2）．

73. 祁天娇，马林青．历史文化村镇活态保护的新模式——基于数字资源构建的视角［J］．档案学研究，2018（3）．

74. 邱北海，赵明霞．担负历史使命 守护乡村记忆——常州新丰苑社区村史档案馆创建纪实［J］．档案与建设，2016（12）．

75. 任汉中．人本位—君本位—官本位—以人为本——中国档案文化的回顾与展望［J］．档案学研究，2006（2）．

76. 任越，刘思嘉．基于GIS的传统村落文化建档式保护模型构建

[J]．档案学研究，2020（4）．

77．任越．传统村落文化建档问题探究——以黑龙江省少数民族传统村落为例［J］．档案学研究，2017（2）．

78．任越．论我国传统村落文化建档的实践诉求与现实困境［J］．档案学研究，2018（2）．

79．沈永明，唐志攀．留住乡村记忆之魂——湖州市档案部门助推农村文化礼堂规范化管理［J］．浙江档案，2018（4）．

80．省档案局被列为浙江省农村文化礼堂建设工作领导小组成员单位［J］．浙江档案，2013（4）．

81．束维兵．安徽新农村建设档案工作注入"文化"元素［J］．兰台世界，2012（7）．

82．司俊贤．荥阳古村落档案记忆保护现状及对策［J］．档案管理，2016（5）．

83．宋曙光，佟焕平．农村建档在房山区两个文明建设中的作用［J］．北京档案，2001（3）．

84．宋夏南．构建农村文化建设档案体系的实践和思考［J］．中国档案，2008（7）．

85．王凯，蒋国勇．口述史在乡村档案文化建设中的意义与作用［J］．浙江档案，2013（12）．

86．王来刚．乡村振兴背景下吴江档案工作的创新实践［J］．档案与建设，2018（9）．

87．王琳霖．村庄档案建设中存在的问题及对策［J］．档案学研究，2017（5）．

88．王萍，卢林涛．传统村落档案研究——现状、困境与展望［J］．档案学研究，2017（2）．

89．王萍，卢林涛．档案机构在传统村落档案工作中的角色再探

[J].档案学研究,2018(6)

90. 王萍,满艺. 传统村落档案建构模式比较研究[J]. 档案学研究,2017(6).

91. 王萍,满艺. 以村民为主体的传统村落文化建档策略研究[J]. 档案学通讯,2018(5).

92. 王萍. 传统村落档案管理体系建构研究[J]. 档案学研究,2020(1).

93. 王婷婷. 少数民族村落历史建筑档案保护研究[J]. 档案管理,2017(5).

94. 王英玮. 档案文化论[J]. 档案学通讯,2003(2).

95. 王云庆,韩桐. 传统村落档案的收集整理[J]. 中国档案,2014(7).

96. 王云庆,韩桐. 我国传统村落档案管理路径探析[J]. 浙江档案,2014(6).

97. 王云庆. 谈传统村落建档工作的误区及思考[J]. 北京档案,2017(10).

98. 王增强. 社会认同视野下乡村档案文化建设路径探析[J]. 浙江档案,2015(2).

99. 王增强. 社会认同视野下乡村档案文化建设主体构成探析[J]. 云南档案,2017(4).

100. 周林兴,林腾虹. 记忆场、传统村落与我们的责任——档案部门参与村落记忆场保护的价值与策略[J]. 档案管理,2020(3).

101. 吴志刚. 浙江台州:古村落建档及开发利用[J]. 中国档案,2017(7).

102. 吴志刚. 助圆乡村"文化梦"——台州市"乡村记忆示范基地"建设综述[J]. 浙江档案,2013(7).

103. 吴志刚. 最忆是乡村——写在《台州古村落》出版之际［J］. 浙江档案, 2013（10）.

104. 谢伟春. 留存乡村记忆 强化档案有为——南京市江宁区"乡村记忆档案"项目试点工作侧记［J］. 档案与建设, 2019（12）.

105. 徐海静. 我国近二十年档案文化研究成果综述［J］. 档案学通讯, 2011（6）.

106. 徐欣云, 刘迪. 古村落档案的"泛化"现象及"泛化"收集研究——以江西古村落为例［J］. 档案学通讯, 2017（6）.

107. 徐欣云, 刘霄霞. 古村落档案与农村档案的内涵及异同解读［J］. 档案学研究, 2017（4）.

108. 薛美华. 记忆之场视域下乡村记忆档案资源价值实现研究［J］. 档案管理, 2020（6）.

109. 闫锐伶. 深入村镇拍摄拆迁旧址 留存历史再现建设新篇［J］. 北京档案, 2010（9）.

110. 严旭萍. 传统村落记忆建构中口述历史建档研究［J］. 浙江档案, 2018（8）.

111. 燕泰翔. 农村档案管理机制浅析——一个基本理论框架的一般性解释［J］. 档案学研究, 2014（5）.

112. 杨希坡, 崔平, 薛红. 传承红色基因 服务乡村振兴——山东省临沭县着力打造高标准村级档案馆［J］. 中国档案, 2019（7）.

113. 杨杏山, 杨琦, 方康顺, 张玉良. 留住老百姓的乡村记忆——德清县"和美乡风馆"档案有为有位［J］. 中国档案, 2012（6）.

114. 杨雪云, 丁华东. 乡村社会记忆的功能转向及其思考——以徽州历史档案为分析对象［J］. 学术界, 2011（12）.

115. 姚慧英. 合力创出一片天——天台县九遮"乡村记忆"示范基地建设侧记［J］. 浙江档案, 2014（2）.

116. 以"档案元素"精心打造美丽乡村——湖州市"美丽乡村记忆工程"建设实践［J］. 浙江档案，2017（11）.

117. 易涛. 社会认同视野下乡村档案文化建设的动力与条件研究［J］. 档案学研究，2013（5）.

118. 易涛. 乡村档案文化建设的现状调查与对策分析——基于艾青家乡F村的实证研究［J］. 档案管理，2015（3）.

119. 应小丽，钱凌燕. 乡村档案的社会治理功能与阻滞因素分析［J］. 浙江档案，2014（9）.

120. 余厚洪，丁华东. 符号与意义：乡村档案记忆解析［J］. 档案学通讯，2017（2）.

121. 袁敏，王惠玉. 崂山区乡村古树名木保护现状与档案管理［J］. 山东农业大学学报（自然科学版），2018，49（1）.

122. 张炳春. "档案文化辅导员"活跃会昌乡村［J］. 兰台世界，2010（13）.

123. 张楼岩. 打造乡村档案文化坐标［J］. 浙江档案，2014（6）.

124. 张伟，华林. 乡村振兴视域下乡规民约档案价值发掘探析［J］. 山西档案，2021（2）.

125. 张燕，丁华东. 乡村记忆展演：乡村档案资源开发的新视角［J］. 档案学通讯，2016（3）.

126. 张玉良. "兰台花"盛开新农村——德清县档案局加强村级档案管理工作侧记［J］. 浙江档案，2016（8）.

127. 章琪锋. 乡村记忆示范基地为农民营造"精神家园"［J］. 兰台世界，2013（S4）.

128. 浙江省农村文化礼堂建设工作领导小组办公室与省档案局部署农村文化礼堂建档工作［J］. 浙江档案，2016（5）.

129. 郑小春. 开展乡村记忆示范基地建设的若干思考［J］. 浙江档

案，2015（3）.

130. 周驰，夏玲. 肩负好守护乡村记忆的历史使命——南京市浦口区推进乡村档案文化建设的探索与实践［J］. 档案与建设，2019（3）.

131. 周峰林，张大华，胡良田. 延续古村落的文化血脉——磐安县档案元素对接特色文化村保护利用［J］. 中国档案，2012（6）.

132. 周秋萍. 我国传统村落文化建档式保护研究——以广东省佛山村落为例［J］. 浙江档案，2017（10）.

133. 周语桐. 农村村史档案馆发展探讨［J］. 档案与建设，2012（6）.

134. 朱天梅. 云南少数民族传统村落建档保护研究［J］. 档案学研究，2018（3）.

135. 朱晓光，赵梓吟. 为老桥留影 为乡愁存档——建立无锡老桥视觉档案的实践与思考［J］. 档案与建设，2019（7）.

136. 祝安钧，金剑栋. 留住记忆之魂，打造精神家园——绍兴县"乡村史苑"基层档案文化阵地建设实践［J］. 浙江档案，2012（6）.

报纸：

137. 叶建强. 福建启动"乡村记忆档案"示范项目，省财政为57个示范村拨付资金350万元［N］. 中国档案报，2015-12-21（1）.

138. 刘文明. 服务地方文化建设的"档案思考"［N］. 中国档案报，2017-11-27（3）.

139. 白志清. 陕西铜川 齐心协力留住"村庄记忆"［N］. 中国档案报，2018-01-08（2）.

140. 张楼岩，顾琪琪. "绿水青山就是金山银山"——浙江省湖州市"美丽乡村记忆工程"建设实践［N］. 中国档案报，2018-04-16（3）.

141. 范晓丽. 山西武乡 档案资源助力乡村旅游发展［N］. 中国档案报，2018-07-12（2）.

142. 徐静而，毛贤广. 杭州"千村档案"建设成效显著［N］. 中国档案报，2018-07-12（2）.

143. 赵真，夏振华，周坚，等. 美丽乡村建设档案工作助推乡村振兴战略实施［N］. 中国档案报，2018-07-23（3）.

144. 杨太阳. 乡村建档传佳话 传承文明留乡愁——记陕西省铜川市"村庄记忆"工作［N］. 中国档案报，2018-08-06（1）.

145. 崔珍珍."兰台天使"的隐形翅膀——记贵州省松桃苗族自治县"大湾村传统村落活态档案馆"［N］. 中国档案报，2018-09-07（2）.

146. 吴岳鸿. 贵州从江 多部门合力推动传统村落档案工作［N］. 中国档案报，2018-09-13（2）.

147. 罗华. 福建厦门集美区《田头之歌》点睛乡村振兴［N］. 中国档案报，2018-09-17（2）.

148. 肖妍. 不断发展的农业农村档案工作［N］. 中国档案报，2018-10-29（3）.

149. 祁莉红，张巍. 记录振兴 服务振兴——济南市农村档案工作服务乡村振兴侧记［N］. 中国档案报，2019-03-11（3）.

150. 李永松. 探索"村档乡（镇）管"模式 服务乡村振兴战略［N］. 中国档案报，2019-04-08（3）.

151. 吴岳鸿. 繁荣乡村文化 留住乡愁记忆——贵州省黔东南州加强传统村落档案工作纪实［N］. 中国档案报，2019-04-08（3）.

152. 葛怀圣，曹维伟. 如何编好新时期的镇村志［N］. 中国档案报，2019-06-10（3）.

153. 付鹏飞. 档案为乡村振兴插上腾飞的翅膀——浙江省三门县浦坝港镇档案工作纪实［N］. 中国档案报，2019-06-10（1）.

154. 李晓，王斯敏，成亚倩，等. 保护传统村落，守护乡土文化之根［N］. 光明日报，2019-07-09（7）.

155. 贺瑾. 陕西召开档案工作服务乡村振兴战略现场会［N］. 中国档案报，2019-07-25（1）.

156. 邱玥. 守护传统村落 传承文化根脉［N］. 光明日报，2019-10-06（5）.

157. 于波. 以活化乡村记忆助力乡村振兴［N］. 中国社会科学报，2021-09-29（5）.

会议论文集：

158. 林素云. 发挥基层档案作用，提升为新农村文化建设服务能力［C］//国家档案局. 建设与文化强国相匹配的"档案强国"论文集. 北京：中国文史出版社，2014.

159. 行龙. "累档成山"：集体化时代基层农村档案的搜集、整理与研究［C］//人类学高级论坛秘书处，重庆文理学院. 人类学与江河文明——人类学高级论坛2013卷. 哈尔滨：黑龙江人民出版社，2013.

160. 杨鹏. 乡村振兴战略中的档案文化建设策略研究：以文化生态为视角［C］//中国档案学会. 2019年全国青年档案工作者学术论坛论文集. 北京：中国文史出版社，2019.

硕博论文：

161. 陈洁. 福清市"乡村记忆档案"建设研究［D］. 福州：福建农林大学，2017.

162. 段湘冬. 新农村档案三个体系建设探析——以济源市新农村档案建设为例［D］. 郑州：郑州大学，2013.

163. 段小凤. 乡村记忆视角下农村档案资源建设研究——以山西省沁县为例［D］. 济南：山东大学，2018.

164. 付东方. 平阴县农村档案工作管理现状调研［D］. 哈尔滨：黑龙江大学，2018.

165. 高晗. 吕梁市李家山传统村落建档式保护调研分析［D］. 哈尔

166. 李婷. 乡村档案文化建设研究［D］. 南昌：南昌大学，2016.

167. 李玉珂. 档案学视角下乡村记忆建构研究［D］. 南京：南京大学，2018.

168. 刘佳慧. 我国传统村落档案实践与双元价值取向探析［D］. 济南：山东大学，2017.

169. 唐思卓. 我国传统村落文化建档探究［D］. 哈尔滨：黑龙江大学，2016.

170. 徐娇. 记忆工程视域下湖北省传统村落建档策略研究［D］. 武汉：武汉大学，2018.

171. 于岩. 城镇化背景下乡村文化档案建设研究［D］. 哈尔滨：黑龙江大学，2019.

172. 张佳欣. 乡村记忆视域下的民间档案研究——以清代内蒙古土默特地区契约文书为例［D］. 济南：山东大学，2019.

173. 赵丽. 乡村记忆工程视角下城子古村建档研究［D］. 昆明：云南大学，2017.

174. 赵霞. 乡村文化的秩序转型与价值重建［D］. 石家庄：河北师范大学，2012.

175. 周小芳. 乡村振兴战略背景下乡村档案工作发展研究——以湖南省双峰县为例［D］. 湘潭：湘潭大学，2019.

网络资料：

176. 程芃芃. 淄博张店：档案留住"乡愁"［EB/OL］. 人民网，2018-10-16.

177. 郭年. 根植沃土 花开源上——甘肃省庆阳市西峰区新农村建设档案工作纪行［EB/OL］.（2019-01-25）［2020-02-11］. http：//daj.fuzhou.gov.cn/zz/daxw/yjdt/201901/t20190125_2748702.htm.

178. 涵江区档案局. 三江口镇后郭村"乡村记忆档案"示范项目通过省级验收［EB/OL］.（2017-11-04）［2020-05-14］. http：//www. pthj. gov. cn/zwgk/hjdt/xzdt/201711/t20171118_ 737706. htm

179. 何珂. 传统古村落的"旧"与"新"［EB/OL］. 安徽新华网，2019-12-02.

180. 姜瑞丽. 山东"乡村记忆"工程试点投资1. 3亿元 列入"十三五"规划［EB/OL］.（2016-03-31）［2020-06-16］. http：//www. dzwww. com/shandong/sdnews/201603/t20160331_ 14081851. htm.

181. 金佳绪. 让城市留住记忆，让人们记住乡愁［EB/OL］. 新华网，2019-12-24.

182. 李黔渝. 住建部：我国传统村落将进入复苏期［EB/OL］. 新华网，2017-11-26.

183. 孙杰. 山东选24个"乡村记忆工程"试点单位 将重点维护［EB/OL］.（2015-04-01）［2020-07-11］. http：//news. sdchina. com/show/3274098. html.

184. 张爱国，钟亚敏. 安顺市档案局让"美丽乡村"讲好"好人故事"［EB/OL］.（2018-09-26）［2020-06-11］. http：//www. zgdazxw. com. cn/news/2018-09/29/content_ 249002. htm.

185. 张宇，潘敏央. 用数字技术保存台州的"古村落记忆"［EB/OL］. 浙江新闻，2019-04-15.

二、外文文献

186. BARKEY K. The Use of Court Records in the Reconstruction of Village Networks：A Comparative Perspective［J］. International Journal of Comparative Sociology，1991，32.

187. BEEL D E，WALLACE C D，WEBSTER G，et al. The Geographies

of Community History Digital Archives in Rural Scotland［J］. Scottish Geographical Journal, 2015, 131 (3-4).

188. BEEL D E, WALLACE C D, WEBSTER G, et al. Cultural resilience：The production of ruralcommunity heritage, digital archives and the role of volunteers［J］. Journal of Rural Studies, 2017, 54 (5).

189. CONNERTON P. How societies remember［M］. London：Cambridge University Press, 1989.

190. 谢颢丞, 刘荣聪, 高志诚. 台湾民俗武阵之数字典藏——宋江阵之体育数字文化［C］//Intelligent Information Technology Application Association. Proceedings of the 2011 Second International Conference on Education and sports Education. Hong Kong：ETP-Engineering Technology Press, 2011.

191. MAGNUSDÓTTIR J þ. Gender, Legend, and the Icelandic Countryside in the Long Nineteenth Century：Re-Engaging the Archives as a Means of Giving Voice to the Women of the Past［J］. Folklore, 2018, 129.

192. OH Y J, HAN H J, YUK H I, et al. A Study on the Current Status of an Archive Village Project and Its Improvement Plan：The Case of I County［J］. Journal of Korean Society of Archives and Records Management, 2015, 15 (2).

193. QI Tianjiao. Rural archives in China over the past 40 years［J］. Archival Science, 2020, 20 (2).

194. RYDEN R. Implementation of appraisal regulations including the selection of sample archives. A case study on the Swedish country district police［J］. Archives and Records, 2014, 35.

195. RIEGER J H. Living Witnesses to Social Change and Family Documents as Community Archive Reconstructing Social Change in a Small Rural Community［J］. Qualitative Inquiry, 2014, 20 (5).

196. SBRICCOLI T. Between the archive and the village: the lives of photographs in time and space [J]. Visual Studies, 2016, 31 (4).

197. YUK H I, KIM Y, JANG J K. A Study on the Methods to Manage Private Records Utilizing AtoM (Access to Memory): Focused on 'Archive Village' [J]. Journal of the Korean Biblia Society for Library and Information Science, 2015, 26 (2).

附 录

附文 2-1 村级档案管理办法

（国家档案局、中华人民共和国民政部、中华人民共和国农业部第 12 号令）

《村级档案管理办法》已经国家档案局局务会议、民政部部务会议审议通过，并经农业部同意，现予公布，自 2018 年 1 月 1 日起施行。

国家档案局局长　李明华

民政部部长　黄树贤

农业部部长　韩长赋

2017 年 11 月 23 日

村级档案管理办法

第一条　为了加强农村档案工作，规范村级档案管理，服务新形势下的农村工作，根据《中华人民共和国档案法》《中华人民共和国村民委员会组织法》《中华人民共和国农业法》和国家有关规定，制定本办法。

第二条　本办法所称村级档案是指村党组织、村民委员会、村集体经济组织等（以下简称村级组织）在党组织建设、村民自治、生产经营等活动中形成的具有保存价值的文字、图表、音像等不同形式和载体的历史记录。

第三条 村级档案工作主要包括村级组织对村级档案进行的收集、整理、保管、鉴定、利用等工作。

第四条 村级档案工作实行统一领导、集中管理、安全方便的原则。

村级组织应将档案工作作为村级工作的重要事项，健全相应的工作制度，明确领导、健全机制、保障经费，确保档案的真实、完整、规范和安全。

第五条 村级档案工作在业务上接受乡镇人民政府、档案主管部门、民政部门、农业部门和相关部门的监督和指导。

第六条 村级组织应当指定专人负责档案的收集、管理和提供利用。有条件的村应当设立专用档案柜和档案库房集中管理档案。

档案管理人员应当具有良好的政治素质，遵纪守法，忠于职守，具备相应的档案管理知识，并经过一定的档案业务培训。

第七条 村级组织形成的具有保存价值的文件材料，均应当按照要求规范整理后归档，任何组织和个人不得据为己有或者拒绝归档。

县级档案主管部门可以依据《村级文件材料归档范围和档案保管期限表》（见附件）的规定，制定符合本地实际的村级文件材料归档范围和档案保管期限表。

第八条 村级档案一般包括文书、基建项目、设施设备、会计、音像、实物等类别。各类文件材料整理方法和归档时间如下：

（一）文书类应当按照《文书档案案卷格式》（GB/T 9705-2008）或者《归档文件整理规则》（DA/T 22-2015）的要求进行整理，于次年上半年归档。

（二）基建项目类应当按照《科学技术档案案卷构成的一般要求》（GB/T 11822-2008），并参照《国家重大建设项目文件材料归档要求与档案整理规范》（DA/T 28-2002）的有关规定及时整理归档。

（三）设施设备类应当在开箱验收后即时归档，使用维修记录等按照《科学技术档案案卷构成的一般要求》进行收集管理。

（四）会计类应当按照《会计档案管理办法》（财政部 国家档案局令第79号）的要求进行收集整理，在会计年度终了后于次年3月底之前归档。

（五）照片应当按照《照片档案管理规范》（GB/T 11821-2002）、《数码照片归档与管理规范》（DA/T 50-2014）整理，由拍摄者在拍摄后1个月内将照片原图连同文字说明一并归档。

（六）电子文件应当按照《电子文件归档与电子档案管理规范》（GB/T 18894-2016）收集归档并管理。

（七）实物和其他门类按照档案工作有关规定及时归档。

第九条　档案制成材料和装订材料应当符合档案保护的要求。

第十条　档案库房应当采取防火、防盗、防水（潮）、防光、防尘、防磁、防高温、防有害生物等措施。

档案管理人员应当定期检查档案的保管状况，确保档案安全。对音像档案和电子档案，要定期检查信息记录的安全性，确保档案可读可用。

第十一条　不具备档案安全保管条件的，应当将档案交由乡镇档案机构代为保管，村级组织可以保存档案目录等检索工具以方便利用。

第十二条　村级组织换届选举后10日内，应当履行档案交接手续。必要时可以在选举前将档案暂存乡镇政府。村以及村民小组在设立、撤销、范围调整时，应当将档案妥善移交。

档案工作人员离任时应当进行档案移交，履行交接手续，防止档案散失。

第十三条　销毁已达到保管期限的档案时，应当成立档案鉴定工作小组及时进行鉴定。

鉴定工作小组由村级档案管理人员和形成档案的村级组织的人员（或者村民代表）组成，鉴定后应当形成档案鉴定报告。对失去保存价值的档案，应当清点核对并编制档案销毁清册，经过必要的审批手续后按照规定销毁。

禁止擅自销毁档案。村级档案销毁清册应当永久保存。

第十四条　村级档案工作应当积极推进档案信息化建设，配备必要的设施设备和档案管理软件，建立档案电子目录和全文数据库，逐步实现档案的信息网络共享。

第十五条　村级档案工作应当建立档案查阅利用制度，为本村各类组织及其成员、村民提供服务。查阅档案要遵守利用规定、履行查阅手续，不得有涂改、损毁、调换、抽取档案等行为。

档案管理人员应当围绕村中心工作或村级组织及其成员、村民利用需求，加强档案信息资源的开发利用，积极开展档案编研工作，如编写村史、村志、大事记等。

第十六条　对在村级档案工作中作出突出贡献的村干部、档案工作人员和其他组织、个人，由各级人民政府、档案主管部门及相关单位给予表彰和奖励。

第十七条　各省（自治区、直辖市）、新疆生产建设兵团档案主管部门商同级民政部门和农业部门，可以结合本办法和本地实际，制定实施办法及细则。

第十八条　本办法由国家档案局、民政部、农业部负责解释。

第十九条　本办法自2018年1月1日起施行。

附件：村级文件材料归档范围和档案保管期限表

一、文书类

1. 党群组织工作文件材料

1.1 本村党组织（党委、党总支、党支部）委员会会议记录、党员大会会议记录、村"两委"联席（班子）会议记录　　　　　　　　　永久

1.2 本村党组织年度工作计划、总结等材料　　　　　　　　　永久

1.3 本村党组织关于机构设置、撤并、名称更改、启用和废止印章的请示，上级批复、通知、决定等材料 永久

1.4 本村党务干部任免、分工、考察、奖惩等材料 永久

1.5 本村党组织换届选举候选人的请示、批复和换届选举工作的通知、议程、报告、领导人讲话、大会发言、选举办法、选举结果、决议、上级批复等材料 永久

1.6 本村党员教育培训、组织活动、党性分析、民主评议等方面的计划、总结、会议（活动）记录、请示及上级的批复 永久

1.7 本村发展新党员，党员转正、延期、退党，处置不合格党员等方面的材料 永久

1.8 本村执行上级党组织工作的决定、纪要、报告等材料

（1）重要的 永久

（2）一般的，30年

1.9 本村党组织、党员名册和年报表 永久

1.10 本村党组织关系介绍信、通知书存根 永久

1.11 本村党员交纳党费的清单、票据等 永久

1.12 本村先进集体、先进个人登记表，审批表，名册及各种事迹材料

（1）受到县级（含）以上表彰、奖励的 永久

（2）受到县级以下表彰、奖励的，30年

1.13 本村党员违法违纪的有关材料，处理意见和上级决定、批复等材料

（1）受到警告（不含）以上处分的 永久

（2）受到警告处分的，30年

1.14 本村纪检、党风廉政工作的计划、总结、报告等材料，30年

1.15 本村开展政治思想、形势教育、精神文明建设工作的计划、总结等有关材料，10年

1.16 本村共青团组织发展、换届选举材料，团员名册、组织关系介绍

信及存根、团费缴纳、年度统计表等材料　　　　　　　　　　永久

1.17 本村团代会通知、议程、代表名单、开幕词、报告、决定、选举结果、闭幕词等材料　　　　　　　　　　　　　　　　　　永久

1.18 本村团组织、团员获得表彰奖励及违法违纪受到处分的请示、报告、批复等材料　　　　　　　　　　　　　　　　　　　　永久

1.19 本村工会年度工作计划、总结，工会代表大会的通知、名单、议程、开幕词、报告、决议、闭幕词、选举结果等材料　　　　永久

1.20 本村工会干部任免的请示、批复，会议记录，工会干部、会员名册及统计年报表等材料　　　　　　　　　　　　　　　　永久

1.21 本村妇代会换届选举等材料　　　　　　　　　　　永久

1.22 本村计划生育工作年度计划、总结、统计表等材料，永久

1.23 本村独生子女证申请表，育龄妇女生育多胎的申请表、审批表及超生调查报告、汇报、处罚决定等材料　　　　　　　　　　永久

1.24 本村村民婚姻状况证明存根等材料　　　　　　　　永久

1.25 本村五好家庭、敬老爱幼模范、文明户、好婆婆、好媳妇等评选活动的材料，30 年

1.26 上级发布的本村民兵工作需要执行的文件材料，10 年

1.27 本村普通民兵、基干民兵登记表和花名册　　　　　永久

1.28 本村兵役登记材料，现役军人、退伍军人情况登记表　　永久

2. 村务管理文件材料

2.1 本村村委会会议记录、纪要、决议等材料　　　　　　永久

2.2 本村村委会年度工作计划、总结等材料　　　　　　　永久

2.3 本村村史、组织沿革、大事记等材料　　　　　　　　永久

2.4 本村村委会换届选举工作的通知、选票、选举结果、干部任免等材料　　　　　　　　　　　　　　　　　　　　　　　　　　永久

2.5 本村各类工作的请示、报告、汇报及上级的批复等材料

（1）重要的　　　　　　　　　　　　　　　　　　　　永久

167

（2）一般的，30年

2.6 本村干部、村民名册，村办股份公司股民名册、各类技术人员名册等　　　　　　　　　　　　　　　　　　　　　　　　　　永久

2.7 本村干部的招聘、录用、定级、调配、人员任免、离退、调动介绍信存根、工资表，农业村级协管员的聘书、合同或协议等材料　永久

2.8 本村和村内机构设置、更名、撤并及行政区划与隶属关系的变化，启用、废止印章等材料　　　　　　　　　　　　　　　　　永久

2.9 本村关于年终分配方案、工资福利、劳动保护的各种文件材料和参加社会养老保险人员名册　　　　　　　　　　　　　　　永久

2.10 本村干部、职工工资单及年终收益分配审批表、归户结算表等材料　　　　　　　　　　　　　　　　　　　　　　　　　永久

2.11 本村关于房屋拆迁、土地征用、村民房产、地产等材料，相关人员名册等　　　　　　　　　　　　　　　　　　　　　　永久

2.12 本村的村规民约等各种规章制度材料　　　　　　　　　永久

2.13 本村各种年度统计报表（包括农副工业生产年报，收益分配报表，土地、人口、户数等基本情况统计表等材料），永久

2.14 本村各种保险材料、综合治理、安全生产承包责任和各种案件、民事纠纷的调解协议、处理决定等材料　　　　　　　　　　　永久

2.15 本村信访信件处理结果等材料

（1）有领导重要批示及处理结果的　　　　　　　　　永久

（2）有处理结果的，30年

（3）没有处理结果的，10年

2.16 本村拥军优属、优抚救助等材料，30年

2.17 本村开展教育、卫生、合作医疗等工作的材料　　　　永久

2.18 本村规划、经济建设及重大决策等材料　　　　　　　永久

2.19 本村公共设施管理、维修维护的材料　　　　　　　　永久

2.20 本村生产管理、企业管理的年度工作计划及总结和重大决策等材料　　　　　　　　　　　　　　　　　　　　　　　　　　　永久

2.21 本村财务管理的年度计划、总结,有关财务审计情况材料　　永久

2.22 本村工业、农业等相关税收征收清册和纳税变动情况等材料 永久

2.23 本村各种经济、人口普查统计表　　永久

2.24 本村重大事故事件登记材料,调查处理意见、情况报告及善后工作中形成的材料　　永久

2.25 本村创建文明小区、爱国卫生工作形成的材料,30年

2.26 本村农业村级协管事项公开、协查工作记录等材料,30年

3. 村级集体经济组织经营管理文件材料

3.1 本村经营管理中长期规划和专项发展计划等材料　　永久

3.2 本村企业发展重大经营决策方案、规划　　永久

3.3 本村企业董事会会议记录、纪要、决议等材料　　永久

3.4 本村企业负责人对企业承包、租赁、任期目标责任等材料　永久

3.5 本村企业改制、转制等各种法律证书等材料　　永久

3.6 本村企业历史沿革、大事记等材料　　永久

3.7 本村集体经济组织、所属各企业年度工作计划、总结等材料　永久

3.8 本村企业的设置、撤并、名称更改、启用和废止印章的请示、批复、通知等材料　　永久

3.9 本村及所属各企业的产权文件、土地使用证,各种集体财产合同、协议、委任书、公证书等法律文本、证书材料　　永久

3.10 本村集体经济组织章程,换届选举工作的通知、选举结果等材料
　　永久

3.11 本村集体经济组织成员(股东)名册、股权登记簿　　永久

3.12 本村新办公司、企业项目的申请和批复及可行性报告、章程、合同、验资、营业执照等材料　　永久

3.13 本村有关工商企业管理执照的申报、登记、批复以及违章违法被处理,经营不善歇业、破产等材料　　永久

3.14 本村企业年度各种统计报表及经济分析等材料　　永久

3.15 本村有关物资供销工作的合同、协议等材料，30 年

3.16 本村有关经营活动的争议、索赔、判决等材料　　　　　永久

3.17 本村企业合资、独资、联营招商的合同、协议等材料　　永久

3.18 本村企业年度经营、销售统计等报表

（1）重要的　　　　　　　　　　　　　　　　　　　　　永久

（2）一般的，10 年

3.19 本村企业工资计划、工资总额、奖惩、年终分配方案等表册 永久

3.20 本村企业物资管理、安全生产检查、整改措施执行情况等材料

永久

3.21 本村企业环境保护等材料　　　　　　　　　　　　　永久

3.22 本村企业有关产品标准、国际质量认证等材料　　　　永久

3.23 本村企业有关资产评估，资金、价格管理的审查、验证材料 永久

3.24 本村企业有关经营、审计活动中形成的各项证明和结论材料 永久

3.25 本村有关产品市场调查、宣传、广告和用户服务等材料，30 年

3.26 本村有关产品销售等活动中形成的材料，30 年

3.27 本村各类农业普查材料　　　　　　　　　　　　　　永久

3.28 本村农作物规划布局，粮、棉、油多种经营实种面积、产量以及采、购、留、分配等材料　　　　　　　　　　　　　　　永久

3.29 本村科学种植、科学饲养的经验总结及原始记录　　　永久

3.30 本村"星火""丰收""火炬"计划项目的申报、验收材料 永久

3.31 本村农业植保、农机管理、水利建设等材料　　　　　永久

3.32 本村副业生产及上交任务的指标（畜、禽、蛋、鱼、菌菇等）以及各项任务完成情况、年报、统计表等材料　　　　　　　永久

3.33 本村村办副业项目材料，30 年

3.34 本村关于土地批租、出让、租赁有关材料　　　　　　永久

3.35 本村农村集体产权制度改革实施方案、工作计划、总结、汇报材料

永久

3.36 本村成立的农村集体产权制度改革工作领导小组、理事会、监事会等机构及组成人员名单　　　　　　　　　　　　　　永久

3.37 本村农村集体产权制度改革工作领导小组、理事会、监事会工作职责及工作制度，30年

3.38 本村研究农村集体产权制度改革工作所形成的会议记录、纪要、决议　　　　　　　　　　　　　　　　　　　　　　　永久

3.39 通过协商、招标、挂牌、拍卖等方式流转农村土地承包经营权的文件材料　　　　　　　　　　　　　　　　　　　　永久

3.40 农村集体产权制度改革的动员会、宣传、培训，上级领导检查等形成的文件材料，10年

3.41 农村耕地保护、土地承包经营权、集体建设用地使用权台账 永久

3.42 集体土地调查材料及统计表　　　　　　　　　　　　永久

3.43 农村集体土地所有权、农村建设用地使用权、村民宅基地使用权等相关确权、登记、颁证的文件材料　　　　　　　　　　永久

3.44 农村土地承包经营权登记申请书、变更登记申请书、登记簿、核准文件　　　　　　　　　　　　　　　　　　　　　　永久

3.45 农村土地承包经营权流转备案申请书、登记表和备案证明等材料
　　　　　　　　　　　　　　　　　　　　　　　　　永久

3.46 农村土地承包经营权确权登记方案、登记册、花名册及审核材料
　　　　　　　　　　　　　　　　　　　　　　　　　永久

3.47 农村土地使用权确权登记注册情况公告、注册表　　永久

3.48 农村土地承包合同、土地承包经营权流转合同、耕地保护合同
　　　　　　　　　　　　　　　　　　　　　　　　　永久

二、基建项目类

1. 项目建议书、申请、报告及批复等材料　　　　　　　永久

2. 可行性研究报告、论证意见、项目评估、调查报告等材料　永久

3. 项目设计任务书、计划任务书或立项报告、批复等材料　　　永久

4. 基建项目的会议记录等材料　　　永久

5. 地质勘探合同、报告、记录、说明等材料　　　永久

6. 征用土地移民申请、报告、批复、通知、许可证、使用证、用地范围等材料　　　永久

7. 工程建设执照、防火、环保、防疫等审核通知单，长期

8. 工程建设招投标文件、会议纪要等材料，长期

9. 工程初步设计图纸、概算、设计合同等材料，长期

10. 施工设计、说明、总平面图、建设施工图、给排水图等专业图纸，长期

11. 施工合同、协议，施工预决算，图纸会审纪要、技术核定单、工程更改、材料代用、原材料质保书和全套竣工图等材料　　　永久

12. 施工监理文件材料，长期

13. 水电安装合同、协议，施工预决算，技术交底，图纸会审，材料出厂证明和竣工图等材料　　　永久

14. 项目竣工验收申请、批复，消防、环保、防疫、档案等验收记录，基建财务结、决算，项目审计，项目竣工验收证书等材料　　　永久

三、设施设备类

1. 设备仪器购置可行性研究报告、申请、批复和购置仪器资金申请、批复等材料，长期

2. 设施设备招投标文件、设备采购合同、购买协议等材料，长期

3. 设备仪器开箱验收记录、使用说明书、操作手册、合格证、装箱清单等材料，长期

4. 设备仪器安装调试记录、验收报告、操作保养规定等材料，长期

5. 设备仪器运行、检修、保养、事故处理等记录材料，长期

6. 设施设备技术改造、升级改装、革新改进等文件材料，长期

7. 设备仪器报废申请、批复、证明等材料，长期

四、会计类

1. 各类会计原始凭证、记账凭证、汇总凭证，30 年
2. 会计账簿类
2.1 银行日记账、现金日记账，30 年
2.2 总账、明细账、辅助账簿，30 年
3. 会计报表类

3.1 年度财务报表	永久
3.2 年度财务决算表	永久

3.3 月、季度财务报表，10 年
4. 其他类

4.1 会计档案移交清册	永久
4.2 会计档案保管清册	永久
4.3 会计档案销毁清册	永久

五、照片类

1. 上级领导来村视察、检查工作的照片	永久
2. 国际友人、专家、学者等知名人士前来活动的照片	永久
3. 本村委会各种会议、重要活动形成的照片	永久
4. 本村委会各种产品、奖状、证书、奖杯、锦旗等的拍摄照片	永久
5. 反映村容、厂貌、市政项目建设等的照片	永久
6. 新闻媒体刊登的反映本村情况的照片	永久

附文 3-1 关于实施"乡村记忆工程"的通知

（鲁文发〔2014〕61号）

各市委宣传部、精神文明建设委员会办公室、发展和改革委员会、财政局、住房和城乡建设局、农业局、文广新局、旅游局、文物局，省直有关单位：

为贯彻落实中央和省委关于新型城镇化和新农村建设的部署要求，加强城乡建设中的文化遗产保护，强化乡镇基层公共文化服务体系建设，推进经济文化强省建设，经研究决定，从 2014 年起，在全省实施"乡村记忆工程"。现将有关工作通知如下：

一、实施"乡村记忆"工程的紧迫性、必要性和文化创新意义

中央城镇化工作会议指出，"城镇建设，要实事求是确定城市定位，科学规划和务实行动，避免走弯路；要体现尊重自然、顺应自然、天人合一的理念，依托现有山水脉络等独特风光，让城市融入大自然，让居民望得见山、看得见水、记得住乡愁；要融入现代元素，更要保护和弘扬传统优秀文化，延续城市历史文脉；要融入让群众生活更舒适的理念，体现在每一个细节中"。

近年来，随着经济社会的快速发展，我省城市建设、城镇化建设和新农村建设日新月异，城乡面貌和人民生活环境得到了极大改善。不少地方在城乡建设中，注重经济与文化的协调发展，历史文化遗产得到有效保护和合理利用。但在有些地方，特别是广大农村地区，片面追求城镇化和新农村建设速度，忽略了历史文化遗产的保护与传承，致使大量乡土传统文化遭受破坏、走向消亡的速度甚至在加快。有的地方一味追求现代、美观、整齐，对传统社区、乡村完全拆除，或者对古建筑、古民居进行大面

积"改造",不仅造成了城乡建设"千城一面、千村一面"的后果,更为严重的是使历史文化村镇传统的建筑风貌、淳朴的人文环境等遭到了不同程度的破坏;许多具有民族和地域特色、尚未列入文物保护单位的传统建筑、民居、街巷、祠堂、园林等被大面积毁坏,造成了无可挽回的损失;一些珍贵的乡土传统文化遗产,包括有形及无形文化遗产如乡土建筑、街区遗产、农业遗产、农业生产劳作工艺、服饰、民间风俗礼仪、节庆习俗等,面临着瓦解、消亡的危险。而乡土传统文化体系一旦毁坏,就会使世世代代传承的历史文化积淀和精神家园消失,造成文化发展脉络的断层,这种巨大的文化损失是永久的、无法弥补的。如何使文化遗产及其生态环境和社会环境在快速发展的城镇化、新农村建设中得到有效保护,如何将宝贵的乡土传统文化和乡土建筑这些"无形"和"有形"的文化遗产以"真实性、整体性、活态性"的形态保护好、展示好,是新形势下赋予我们的历史责任。

实施"乡村记忆工程",对于调动全社会保护文化遗产的积极性,推动文化遗产的有效保护和传承发展,建设中华民族共有精神家园,增强民族自信心和凝聚力,继承弘扬优秀传统文化,延续齐鲁文化命脉,提高文化创新能力,促进经济文化强省建设,具有十分重要的现实意义。

(一)是保护齐鲁传统文化遗产模式的创新尝试。齐鲁文化历史悠久、内涵丰富,在不同地域间有着风格迥异、丰富多样的生活传统、劳作传承、民间习俗、宗教信仰、建筑风格等,乡土传统文化遗产的存量丰富,保护传承意义重大。"乡村记忆工程"的核心理念,就是通过民俗生态博物馆、乡村(社区)博物馆建设,在文化的原生地有效地保护有形和无形文化遗产,整体展示、宣传、保护和传承当地优秀文化遗产,是保护和弘扬齐鲁传统文化、建设人民群众精神家园的有效途径。

(二)是提高新型城镇化和新农村建设水平的重要举措。城乡建设中文化遗产保护是一个全新课题,保护范畴除了已经各级政府公布的文物保护单位外,还包括大批具有人文、历史、建筑价值的文化遗产,此外还有未探明的地上和地下文物。"乡村记忆工程"从实际出发，顺应文化遗产丰富地区城乡建设的迫切需要，把保护和传承传统文化遗产融入城乡建设过程中，打造乡村、社区的传统文化遗产保护平台，是延续乡村历史文脉、不断丰富城镇化和新农村建设的内涵和成效的有力举措。

（三）是推动地方经济文化协调发展的有效途径。民俗生态博物馆、乡村（社区）博物馆建设，在实施过程中坚持以人为本，充分发挥当地政府、学者和居民的积极性，因地制宜保护和利用当地文化遗产，提升本地区知名度，以此为契机发展文化产业和旅游，促进文化、自然资源优势转化为地方经济文化优势，从而推动当地社会、经济和文化协调健康发展。

二、实施"乡村记忆工程"的指导思想及原则

（一）指导思想。按照全面、协调、可持续的科学发展观要求，坚持政府主导、公众参与，坚持保护文化和发展经济并重；突出强调保护和保存遗产的真实性、完整性和原生性，并利用这些独特资源积极推进城镇化建设的进程；正确处理人与自然、人与社会的关系，满足人们日益发展的文化需求，推动乡村、社区居民生活质量的提高。

（二）建设原则。"乡村（社区）自主、专家指导、政府扶持"；引导、支持和鼓励社会力量参与；乡村（社区）居民是民俗生态博物馆、乡村（社区）博物馆的主要参与者、管理者和受益者。

三、"乡村记忆工程"的内涵及基本任务

"乡村记忆工程"是"记得住乡愁""留得住乡情"的载体工程，是广大人民群众在新型城镇化建设过程中故土寻根、寄托乡情的"活化记忆"，是爱国主义教育、"四德"教育的有益补充和延伸，是对历史街区、传统民居院落等物质文化遗产和生产、生活民俗等非物质文化遗产原生态的保护。换言之，要根据不同地区传统文化资源情况及现实条件，充分利用既有文化遗产予以保护和利用，重点在文化遗产和传统乡土建筑富集、保存基础条件较好、文化底蕴深厚的乡村和社区，因地制宜建设民俗生态博物馆、社区博物馆、乡村博物馆，收集和展览富有地域特色、活态文化特色和群体记忆的文化遗产，包括乡土建筑、街区遗产、农业遗产、农业生产劳作工艺、服饰、民间风俗礼仪、节庆习俗等，实现对文化遗产的整体性和真实性保护。

（一）保护、征集、整理和展示有地方特色的自然生态，历史建筑和构筑物，传统生产生活用品、生产方式、风俗习惯、传承人口述史等物质和非物质文化遗产。加强文化遗产的抢救性记录工作，建立档案和相关数据库。

（二）充分发挥民俗生态博物馆、乡村（社区）博物馆的社会功能，以"民俗馆""乡情展"的形式，全面记录乡村的沿革、变迁。鼓励和支持传承人、其他文化遗产持有人依托博物馆建设开展传承、传播活动。致力于唤起当地民众传统文化遗产保护意识，形成保护历史文化生态、历史文化遗产的良好社会氛围，在乡村（社区）传统文化博物馆与居民之间形成一种良好的互动关系。

（三）科学宣传民俗生态博物馆、乡村（社区）博物馆的理念，重视民众的参与，培养社区居民的生态文化价值观，提高农民的生态文化素质，引导当地农民开展和参与农业生产活动之外的文化产业等各项经济与社会活动，在不影响文化遗产及其环境风貌和传统价值的情况下，努力丰富、改善和提高当地居民的生活水平。

（四）强化文化展示传播功能，开展相关文化遗产调查研究，搜集物质和非物质文化遗产资料、信息，利用博物馆展示手段向外界宣传，提高资源价值和利用率，向遗产保护的专业化、博物馆化方向发展。

四、实施"乡村记忆工程"工作步骤

（一）调研阶段。2014年一季度，以市为单位对传统村落、街区和散存的重要民居进行调研摸底，掌握全省准确现实情况。

(二)编制实施方案。在完成调研的基础上,完成"乡村记忆工程"实施方案编制论证工作,明确建设标准、工作流程、立项评估、过程指导、建成验收等具体环节。

(三)选择示范点。2014上半年,分别选取部分遗产资源保存丰富、具有代表性的城镇、村、居共20个左右作为试点单位,取得经验后向全省推广。

(四)组织实施、验收评估。2014年下半年,全面开展建设工作。年底前完成第一批试点社区(乡村)博物馆的改造布展工作。

按照成熟一个验收一个的原则,组织专项验收小组对申报竣工的试点单位进行验收,试点单位基本完成验收后,名单向社会公布。

(五)全面推广。试点建设工作完成后,在全省推广实施。

五、实施"乡村记忆工程"的保障措施

(一)建立"乡村记忆工程"推进协调机制。由省委宣传部、省文物局牵头,建立定期研究"工程"推进过程中需要解决的问题,省文明办、省发改委、省财政厅、省住建厅、省农业厅、省文化厅、省旅游局为成员单位的联席会议制度。办公室设在省文物局。

成立专家咨询小组,聘请有关专家为"乡村记忆工程"顾问。

(二)资金保障。"乡村记忆工程"本着不新建馆舍,利用乡土建筑进行改造布展的原则,因地制宜,建设民俗生态博物馆、乡村(社区)博物馆。建筑本体的保护维修结合当地的城镇化建设规划,以市县财政为主负担。省级结合公共文化服务体系建设等专项资金对试点单位给予补助,由试点单位统筹用于生产、生活用具及民俗展品的收集、展览的布置等基本条件建设。同时,"乡村记忆工程"要根据工作内容,分别纳入各级宣传文化、公共文化服务体系建设、文物保护、小城镇建设、历史文化名城名镇名村保护、乡村旅游及农业相关补助项目。

对建成后正常对外开放的博物馆,通过管理绩效评估,市、县(区)

（三）绩效考核。此项工程建设纳入"乡村文明建设行动"考核指标内容，列入单位考核重要内容。

（四）专项立法。协调相关部门，推动"乡村记忆工程"成果保护的专项立法，开展立法调研的各项工作。

（五）媒体宣传。在电视、网络等媒体开辟专栏，进行集中宣传，调动民众的积极性，教育各级干部树立新的正确政绩观，采取综合措施，以此项工程建设为抓手，有效推进新型城镇化建设。

中共山东省委宣传部　山东省精神文明建设委员会办公室
山东省发展和改革委员会　山东省财政厅
山东省住房和城乡建设厅　山东省农业厅
山东省文化厅　　　　　　山东省旅游局
山东省文物局
2014年2月7日
山东省文物局综合处　2014年2月7日印发

附文3-2　山东省非物质文化遗产条例

（2015年9月24日山东省第十二届人民代表大会常务委员会第十六次会议通过）

第一章　总　则

第一条　为了继承和弘扬中华民族优秀传统文化，加强非物质文化遗产保护、保存工作，根据《中华人民共和国非物质文化遗产法》等法律、行政法规，结合本省实际，制定本条例。

第二条　本省行政区域内非物质文化遗产的保护、保存，适用本条例。

第三条　本条例所称非物质文化遗产，是指各族人民世代相传并视为

其文化遗产组成部分的各种传统文化表现形式,以及与传统文化表现形式相关的实物和场所,包括:

(一)传统口头文学以及作为其载体的语言;

(二)传统美术、书法、音乐、舞蹈、戏剧、曲艺和杂技;

(三)传统技艺、医药和历法;

(四)传统礼仪、节庆等民俗活动;

(五)传统体育和游艺;

(六)其他非物质文化遗产。

本条例所称保护,是指对体现中华民族优秀传统文化,具有历史、文学、艺术、科学价值的非物质文化遗产采取的传承、传播等措施;保存,是指对非物质文化遗产采取的认定、记录、建档等措施。

第四条　保护非物质文化遗产,应当注重其真实性、整体性、传承性,贯彻保护为主、抢救第一、合理利用、传承发展的方针,遵循政府主导、社会参与、长远规划、稳步实施的原则。

第五条　县级以上人民政府应当将非物质文化遗产保护、保存工作纳入本级国民经济和社会发展规划,将保护、保存经费列入本级财政预算,逐步加大财政投入,保障非物质文化遗产保护、保存工作需要。

第六条　县级以上人民政府应当加强对非物质文化遗产保护、保存工作的领导,建立非物质文化遗产工作协调机制,促进非物质文化遗产专业队伍建设。

县级以上人民政府文化主管部门应当组织制定非物质文化遗产保护规划,负责本行政区域内非物质文化遗产的保护、保存工作。

县级以上人民政府发展改革、经济和信息化、教育、民族、宗教、财政、人力资源社会保障、国土资源、住房城乡建设、城乡规划、卫生和计划生育、环境保护、新闻出版广电、体育、食品药品监督管理、旅游等部门应当依照有关法律、法规,在各自职责范围内做好非物质文化遗产保护、保存工作。

第七条 县级以上人民政府应当加强对非物质文化遗产保护的宣传，提高全社会保护非物质文化遗产的意识。

每年的农历腊月二十三至次年二月初二为"非物质文化遗产月"。县级以上人民政府文化主管部门应当集中组织开展非物质文化遗产展演、展示等活动。

第八条 鼓励和支持公民、法人和其他组织参与非物质文化遗产保护、保存工作。

对在非物质文化遗产保护、保存工作中作出显著贡献的公民、法人和其他组织，按照国家和省有关规定予以表彰和奖励。

第二章 非物质文化遗产的调查

第九条 县级以上人民政府文化主管部门负责对本行政区域内的非物质文化遗产进行调查，全面掌握本行政区域内非物质文化遗产数量、现状、传承、传播等情况；其他有关部门可以对其工作领域内的非物质文化遗产进行调查。

第十条 县级以上人民政府文化主管部门和其他有关部门进行非物质文化遗产调查，应当妥善保存相关实物和资料，并予以记录、建档；其他有关部门应当在调查结束后六十日内，将实物图片、资料复制件汇交同级文化主管部门。

第十一条 鼓励和支持公民、法人和其他组织向文化主管部门提供非物质文化遗产线索，依法进行非物质文化遗产调查，并在调查结束后将实物图片、资料复制件，提交非物质文化遗产所在地的县（市、区）人民政府文化主管部门。

第十二条 境外组织或者个人在本省行政区域内进行非物质文化遗产调查，应当报经省人民政府文化主管部门批准，并在调查结束后，将调查报告以及实物图片、资料复制件及时提交省人民政府文化主管部门。

境外组织在本省行政区域内进行非物质文化遗产调查，应当与境内非物质文化遗产学术研究机构合作进行。

第十三条　对濒临消失的非物质文化遗产，县级以上人民政府文化主管部门应当采取抢救性措施，予以优先保护、保存。

第十四条　进行非物质文化遗产调查，应当征得调查对象的同意，尊重其风俗习惯，不得损害其合法权益，不得违法占有或者损毁非物质文化遗产实物和资料。

第十五条　县级以上人民政府文化主管部门应当建立、完善非物质文化遗产调查档案以及相关数据库。除依法应当保密的外，非物质文化遗产调查档案以及相关数据信息应当向社会公开。

第三章　非物质文化遗产代表性项目名录

第十六条　省、设区的市、县（市、区）人民政府应当建立本级非物质文化遗产代表性项目名录。

列入非物质文化遗产代表性项目名录，应当符合下列条件：

（一）体现中华民族优秀传统文化；

（二）具有历史、文学、艺术、科学价值；

（三）在一定区域内世代相传；

（四）具有鲜明地域文化特色，并在当地有较大影响。

第十七条　县级以上人民政府可以将本级非物质文化遗产代表性项目名录中的项目，推荐列入上一级非物质文化遗产代表性项目名录，并依法提交有关材料。

公民、法人和其他组织认为某项非物质文化遗产体现中华民族优秀传统文化，具有历史、文学、艺术、科学价值的，可以向县级以上人民政府文化主管部门提出列入非物质文化遗产代表性项目名录的建议。

第十八条　相同的非物质文化遗产项目，其形式和内涵在两个以上地区均保持完整的，可以同时列入上一级非物质文化遗产代表性项目名录。

第十九条　县级以上人民政府文化主管部门应当建立由较高学术水平和良好职业道德的专家组成的非物质文化遗产专家库，成立专家评审委员会。专家评审委员会从专家库中随机抽取产生，并区分各个领域设立专家评审小组。专家评审委员会和专家评审小组人数为五名以上单数。

对推荐或者建议列入非物质文化遗产代表性项目名录的项目，文化主管部门应当组织专家评审小组进行初评，初评意见应当经专家评审小组成员过半数通过；对初评意见，文化主管部门应当组织专家评审委员会进行审议，提出审议意见，审议意见应当经专家评审委员会成员过半数通过。

项目评审应当制定评审标准。评审工作应当遵循公开、公平、公正的原则。

第二十条　县级以上人民政府文化主管部门应当将专家评审委员会通过、拟列入本级非物质文化遗产代表性项目名录的项目予以公示。公示时间不得少于二十日。

公示期间，公民、法人和其他组织有异议的，应当书面提出；县级以上人民政府文化主管部门应当进行调查，并书面告知提出异议的公民、法人和其他组织。

第二十一条　县级以上人民政府文化主管部门根据专家评审委员会的审议意见和公示结果，拟订本级非物质文化遗产代表性项目名录，报本级人民政府批准、公布。

第二十二条　县级以上人民政府文化主管部门应当加强对非物质文化遗产代表性项目的保护；对濒临消失的项目予以重点保护。

第二十三条　对列入非物质文化遗产代表性项目名录的项目，县级以上人民政府文化主管部门应当公布非物质文化遗产代表性项目保护单位。保护单位应当具备下列条件：

（一）具有法人资格、相应的机构和人员；

（二）有代表性传承人或者掌握相对完整的项目资料；

（三）具有实施项目保护的能力和措施；

（四）具备开展项目传承、传播活动的场所或者设施。

第二十四条　非物质文化遗产代表性项目保护单位应当履行下列职责：

（一）制定、实施项目保护规划，并按照规定报告规划实施情况；

（二）全面收集与项目有关的实物、资料，并登记、整理、建档；

（三）保护与项目有关的实物、场所和资料；

（四）开展项目传承、展示、展演、学术研究等活动；

（五）培养项目传承人。

第四章　非物质文化遗产传承与传播

第二十五条　县级以上人民政府文化主管部门对本级人民政府批准公布的非物质文化遗产代表性项目，可以依法组织专家评审和公示，根据专家评审委员会的审议意见和公示结果认定代表性传承人，并将代表性传承人名单向社会公布。

第二十六条　县级以上人民政府文化主管部门，可以采取下列措施，支持非物质文化遗产代表性项目的代表性传承人开展传承、传播活动：

（一）提供必要的传承场所；

（二）提供必要的经费资助；

（三）组织开展交流、培训等活动；

（四）支持其参与社会公益性活动；

（五）支持其开展传承、传播活动的其他措施。

第二十七条　非物质文化遗产代表性项目的代表性传承人享有下列权利：

（一）开展技艺展示、传授以及创作、研究等活动；

（二）自主选择、培养传承人；

（三）依法使用项目的实物、场所和资料等；

（四）依法获取代表性传承人补助经费；

（五）对非物质文化遗产保护工作提出意见或者建议。

第二十八条　非物质文化遗产代表性项目的代表性传承人应当履行下列义务：

（一）保护、保存非物质文化遗产知识、技艺和有关实物、资料；

（二）开展传承活动，培养后继人才；

（三）配合文化主管部门和其他有关部门进行非物质文化遗产调查；

（四）参与有关的社会公益性活动。

第二十九条　县级以上人民政府鼓励和支持非物质文化遗产代表性项目的保护单位、传承人，在有效保护和传承的基础上，开发具有地方、民族特色和市场潜力的文化产品和文化服务，对非物质文化遗产进行生产性保护；鼓励其他组织和个人参与非物质文化遗产生产性保护。

县级以上人民政府文化主管部门应当制定并组织实施非物质文化遗产生产性保护规划，加强非物质文化遗产生产性保护示范基地建设。

第三十条　县级以上人民政府应当设立非物质文化遗产展示、传承场所，保存和宣传当地的非物质文化遗产；鼓励和支持公民、法人和其他组织依法设立展示、传承场所，宣传、展示非物质文化遗产代表性项目。

第三十一条　文化馆、图书馆、博物馆、美术馆、科技馆等公共文化机构和非物质文化遗产学术研究机构、保护机构以及利用财政性资金举办的文艺表演团体、演出场所经营单位等，应当根据各自业务范围，开展非物质文化遗产传承、传播活动。

第三十二条　鼓励和支持高等学校、职业技术学校、中小学校等教育机构设置非物质文化遗产课程、建立教学和研究基地，鼓励社会力量举办非物质文化遗产学校，培养、培训非物质文化遗产人才，开展非物质文化遗产传承、传播和科学研究工作。

第五章　文化生态保护区

第三十三条　县级以上人民政府可以在传统文化历史积淀深厚、非物质文化遗产代表性项目集中、形式和内涵保持完整的区域设立本级文化生态保护区，实行非物质文化遗产区域性整体保护。

设立文化生态保护区应当尊重当地居民的意愿，并保护属于非物质文化遗产组成部分的实物和场所，避免遭受破坏。

第三十四条　设区的市、县（市、区）人民政府可以申请设立省级文化生态保护区。

省人民政府文化主管部门负责组织专家对申报的省级文化生态保护区进行评审,并予以公示,经省人民政府批准后,向社会公布。

申请设立国家级文化生态保护区,按照国家有关规定办理。

第三十五条 县级以上人民政府应当建立文化生态保护区工作协调机制,并将文化生态保护区建设纳入本地区公共文化服务体系建设,所需经费列入本级财政预算。

设立文化生态保护区的县级以上人民政府文化主管部门负责组织制定并实施文化生态保护区总体规划。

第三十六条 县级以上人民政府应当保持非物质文化遗产原生态,加强非物质文化遗产基础设施建设,保护非物质文化遗产代表性项目所涉及的实物、场所,推动文化生态保护区建设。

第三十七条 在文化生态保护区内从事生产建设,开展特色文化旅游和其他特色文化项目等开发经营活动,应当遵循非物质文化遗产保护和传承规律,符合文化生态保护区总体规划,不得破坏非物质文化遗产代表性项目所涉及的实物、场所。

第三十八条 文化生态保护区内的非物质文化遗产资源遭受严重破坏,不再符合文化生态保护区条件的,由县级以上人民政府予以撤销并向社会公布。

第三十九条 非物质文化遗产资源丰富、文化生态保存完整的村、镇,省人民政府文化主管部门可以命名为文化生态名村、名镇。

第六章 法律责任

第四十条 违反本条例规定的行为,法律、行政法规已规定法律责任的,依照其规定执行;法律、行政法规未规定法律责任的,依照本条例规定执行。

第四十一条 违反本条例规定,县级以上人民政府文化主管部门和其他有关部门有下列行为之一的,对直接负责的主管人员和其他直接责任人员依法给予处分；造成损失的，依法承担赔偿责任；构成犯罪的，依法追究刑事责任：

（一）截留、挪用、挤占非物质文化遗产保护、保存经费的；

（二）违法占有、损毁非物质文化遗产实物、场所和资料的；

（三）进行非物质文化遗产调查时损害调查对象的合法权益，造成严重后果的；

（四）未按照规定程序认定非物质文化遗产代表性项目、代表性传承人和设立文化生态保护区的；

（五）其他滥用职权、玩忽职守、徇私舞弊的行为。

第四十二条　违反本条例规定，县级以上人民政府有关部门进行非物质文化遗产调查后，未将调查取得的实物图片、资料复制件汇交同级文化主管部门的，由本级人民政府责令限期改正；逾期未改正的，由本级人民政府通报批评，并对直接负责的主管人员和其他直接责任人员依法给予处分。

第四十三条　违反本条例规定，在申报非物质文化遗产代表性项目、代表性传承人过程中隐瞒有关情况或者提供虚假材料的，由县级以上人民政府文化主管部门取消参评资格；已经被列入非物质文化遗产代表性项目名录的，由公布该名录的人民政府予以撤销；已取得代表性传承人资格的，由认定该资格的文化主管部门予以取消，并全额收回其获取的补助经费。

第四十四条　违反本条例规定，非物质文化遗产代表性项目保护单位不履行职责的，由县级以上人民政府文化主管部门责令限期改正；逾期未改正的，取消其保护单位资格。

第四十五条　违反本条例规定，非物质文化遗产代表性项目的代表性传承人无正当理由不履行规定义务的，县级以上人民政府文化主管部门可以取消其代表性传承人资格，重新认定该项目的代表性传承人。

第四十六条　违反本条例规定，在文化生态保护区内从事生产建设或者开发经营活动时，破坏非物质文化遗产代表性项目所涉及的实物、场所的，依法承担民事责任；构成违反治安管理行为的，依法给予处罚；构成犯罪的，依法追究刑事责任。

第七章　附　则

第四十七条　非物质文化遗产所涉及的实物和场所，属于文物的，适用文物保护法律、法规。

使用非物质文化遗产涉及知识产权的，适用知识产权法律、法规。

对传统医药、传统工艺美术等非物质文化遗产项目的保护、保存，法律、法规已有规定的，适用其规定。

第四十八条　本条例自 2015 年 12 月 1 日起施行。

附文 5-1　山东乡村记忆博物馆建设指南（试行）

（山东省"乡村记忆"工程办公室　2016 年 6 月）

前　言

乡村记忆博物馆建设是山东省"乡村记忆"工程的重要实施内容，旨在通过设立一批乡村（社区）博物馆（传习所），收藏、保护、展示反映传统乡村生活生产、世代延续、文化传承、节庆习俗及社会变迁的物证以及展现传统乡村住民与自然和谐相处经验智慧的实物、图片和音像资料等，从而全面记录传统乡村社会的文明传承历程和延续传承传统技艺，诠释地方文化特色与丰富多彩的生活生产空间。乡村记忆博物馆建设对于展现、丰富和提升乡村民众生活生产文化水平，构建特色各异、美丽宜居的品质乡村、促进新型城镇化和乡村经济社会和谐发展具有独特作用。

为规范和引导乡村记忆博物馆建设，乡土文化遗产保护国家文物局重点科研基地结合我省实际情况，组织编制了《山东省乡村记忆博物馆建设指南》（以下简称《指南》）。《指南》适用于山东省行政区内"乡村记忆"工程涵盖的乡村（社区）博物馆建设（传习所），也供相关类别博物馆建设参考。

<h1 style="text-align:center">目 录</h1>

一、展陈资源及其类别

二、设施建设

（一）基本要求

（二）展馆名称

（三）展馆建设

三、展示陈列

（一）基本要求

（二）藏品征藏

（三）藏品展陈

（四）展陈方式

四、运营管理

（一）基本要求

（二）日常工作

五、参考文件

附录

<h1 style="text-align:center">一、展陈资源及其类别</h1>

展陈资源依其形态可划分为物质文化遗产资源和非物质文化遗产资源。

1. 物质文化遗产资源

（1）生产工具类

指用于农业生产的工具，包括各种耕种工具、收获工具、加工工具、田间管理工具、手工业工具等与农业生产有关的物证。

（2）生活用具类

指农村日常生活用具,包括炊食器、照明用具、家具、日用杂器以及婚丧嫁娶和礼尚往来所使用的各种礼品等与家庭生活有关的物证。

(3) 交通、运输工具类

指农村用于代步或运输的工具,包括陆路和水上交通工具等。

(4) 服装饰品类

指农村人使用的服装、鞋帽、首饰和佩饰等。

(5) 文娱用品类

指从事文化、娱乐和体育活动的用具,如文房用具、乐器、戏装、脸谱、乐谱、道具以及各类棋牌和玩具等。

(6) 民间艺术品类

指民间艺人制作的各类手工艺物品,如年画、书画、春联、剪纸、风筝、皮影、雕刻、漆器、壁画、刺绣、面塑、泥塑、铁画、草画等。

(7) 文献档案类

指与山东农村经济社会发展有关的史志方志、政策规章、报告总结、书函、宣传品、书籍等文献档案。

(8) 证书徽章类

指与农村经济发展社会变迁有关的证书、徽章、印信匾额和旗子等。

(9) 契约文书类

指与山东农村经济社会发展变迁有关的契约文书等,如地契、房契、协议、合同、土地证、析产书等。

(10) 票据凭证类

指反映山东农村经济社会发展变迁的原始票据和凭证。

(11) 乡规民约类

指与农村经济社会发展变迁有关的乡规民约,如家谱、族谱、家规、家训、族规、村规等。

(12) 影像资料类

指与山东经济社会发展变迁有关的各种录像和照片资料,如各类照片、底片、图片、唱片、录像资料、录音资料、纪录片、影视资料等。

（13）度量衡

指与农村经济社会发展变迁有关，用于计量物体长短、容积和轻重的器具，如尺子、秤、量、斗、升、戥子、步规、秤砣、砝码等。

（14）农产品

指反映山东农业经济社会发展变迁的代表性农产品和农副产品，如有划时代意义的种子、果苗及农副产品。

（15）其他物质文化遗产资源

2. 非物质文化遗产资源

（1）传统口头文学以及作为其载体的语言；

（2）传统美术、书法、音乐、舞蹈、戏剧、曲艺和杂技；

（3）传统技艺、医药和历法；

（4）传统礼仪、节庆等民俗活动；

（5）传统体育和游艺；

（6）非物质文化遗产技艺传承人；

（7）进行非遗活动的文化场所与空间；

（8）其他非物质文化遗产资源。

二、设施建设

（一）基本要求

1. 乡村记忆博物馆建设应因地制宜，根据各传统乡村具体情况，可利用整个乡村、亦可结合传统乡村一隅特色、既有场景空间进行原生态展示。

2. 原则上利用既有建筑如学校、祠堂、祖屋、故居、书院、寺庙、宫观、教堂等作为馆舍。

对于确无条件利用既有建筑的乡村，可新建馆舍。馆舍大小、规模以满足展品安全和展陈需要为宜，新建馆舍风格要与所在乡村传统风貌相协调。

3. 用作馆舍的文物建筑，其修缮与活化利用应严格按照文物保护相关政策法规和行业标准执行。用作馆舍的历史优秀建筑、传统风貌建筑及其他建筑，其改善和修缮工程应根据《山东"乡村记忆"工程技术导则（试行）》实施。

（二）展馆名称

1. 展馆命名不宜一味求大，冠以"中国""中华""国家"等字样，应以能体现展陈主体的文化内涵和价值特色为宜。

2. 展陈资源涉及传统乡村历史传承、社会演进综合内容的，可考虑采用"××（村名）村史馆""××民俗馆""××乡村记忆博物馆"等方式命名。

3. 旨在展陈某一特定领域或特定展品资源的专题性博物馆，命名应主题明晰，一目了然，如以"××（工艺名称）博物馆"方式命名的传统工艺类博物馆；以"××（某一特定时段或特定事件）博物馆/纪念馆"方式命名的红色文化、特定时期类博物馆；以"××（非遗项目名称）博物馆/传习所/体验馆"方式命名的传习授艺类的非遗博物馆（传习所）等。

（三）展馆建设

1. 展馆建设应坚持整体设计、合理布防、突出重点、简便实用的原则，应根据展陈内容和规模条件合理确定各功能空间的设置和面积分配。

2. 展馆建设应保证参观游览线路顺畅，展示区域、管理与服务区域、公共服务设施、游客休闲分区布局合理。

3. 展馆及相应设施应安装防雷、防火、防盗等技防设施，制定各类防灾预案，并设置安全出口、疏散通道、导引标志等防灾指示标志。

4. 利用既有建筑作为博物馆，应对存在的安全隐患通过维修加固等方式予以排除。

三、展示陈列

（一）基本要求

1. 展陈主题和内容应当符合弘扬爱国主义、普及科学知识、传播优秀文化、培养良好风尚、促进社会和谐、推动社会文明进步的要求。

2. 基本陈列主题明确，应突出体现地域传统文化特色；策划方案科学合理，展览设计准确表达陈列主题；展品组织得当，文字说明准确、生动、富有文采。

3. 展陈方式应以不损害展品为基本原则。

（二）藏品征集

1. 根据馆藏特色及陈列展览主题需要，制定藏品征藏计划和征集方案。

2. 征集的乡村传统生产、生活器具与传统文化遗物等藏品，应求真求实，特别贵重器物可以展陈仿品，但应注重仿品品质，不可粗制滥造。

3. 藏品来源应合法；产权应明确且不存在权属纠纷。

4. 藏品应办理手续，填写入馆清册，如实记录藏品的名称、质地、数量、现状、来源、尺寸、流传经过、征集方式等，并附有藏品持有人的姓名、身份证号码、送交日期、联系方式等内容。

5. 藏品入库手续办理完毕后，应结合藏品原始资料，组织专业人员进行年代、工艺鉴定，分类、定名、定级并及时分类收藏保管，对珍贵藏品应进行重点保管。

6. 对藏品进行分类记账、编目，编制藏品档案，做到账目清晰、账物相符，记录规范。

（三）藏品展陈

1. 藏品展陈前应编写展陈大纲，展陈大纲应包含展馆主题（前言）、结构框架、基本内容及其主要展品等篇章结构。

2. 依据确定的展陈大纲，结合藏品档案及专业评定信息，编写展陈文本，展陈文本一般应包括版面文字、说明文字、解说词、结语及宣传材料等基本内容。

3. 展品原则上应以原件为主，使用复制品、仿制品和辅助展品应予明示和说明。

（四）展陈方式

1. 展陈方式应遵循重展示轻装饰的基本原则，根据自身需求结合历史与现实环境多方式展陈，在全面深入诠释各乡村文化特色及其内涵的同时，让乡土文化遗产从历史记忆中走出来、"活起来"。

2. 强调观众的情感与精神需求，重视展品与展品、展品与观众、展品与环境之间的互动关系，通过"民俗馆""乡情展""沿革展""传习授艺"等形式，活态展示各地域民间艺术表演、民间艺术品制作技艺与民间习俗。

3，尊重历史史实，杜绝臆造大量虚假历史情景，抑或历史符号的拼贴与乔装。

4. 除常规陈列展示手段外，还可以采用沙盘、微缩景观、体验式展示、多媒体、新媒体等多种手段进行展示。

5. 有条件的地方可以运用信息、互联网、多媒体、新媒体等技术手段，建设数字博物馆，使观众可以足不出户在网上了解、欣赏到众多乡土文化遗产资源。

四、运营管理

（一）基本要求

1. 应具备一定的与其规模和功能相适应的专职或兼职专业技术人员。

2. 应具备必要的办馆资金和稳定的运行经费来源。

3. 应明确博物馆法定负责人，完善法人治理结构，根据运营管理需要，可聘请馆长（顾问）对博物馆进行业务指导。

4. 博物馆建设涉及其他运营管理方面的要求，本《指南》未进行说明的，可参考《博物馆条例》《博物馆管理办法》等行业标准执行。

（二）日常工作

1. 设计、编制运行管理调查表，加强日常监测、管理，主要监测游客满意度及数据分析；年游客量、日游客量、游客安全状况等。

2. 可结合博物馆运营要求，招募一定数量的志愿者，亦可设置专职讲解员，如设立讲解员，应进行相对专业的培训，防止解说谬误。

3. 可结合展品特色，组织、研发具有地方风土特色的文化创意产品，出版适合各类读者要求的出版物。

4. 定期保养藏品，如有需要，可制定对藏品的日常保养制度，设专人对展品进行日常保养，定期检测，及时排除不安全因素和轻微损伤。

5. 组织开展博物馆安全防卫工作，保证博物馆藏品、设施、文件资料和日常物资安全。

6. 合理监控各项游览活动，对危害展品的行为加以制止，并保障游客人身安全。

五、参考文件

国家：

1)《博物馆条例》（2015）

2)《博物馆管理办法》（2007）

3)《中华人民共和国非物质文化遗产法》（2011）

4)《全国重点文物保护单位和省级文物保护单位集中成片传统村落乡土建筑保护利用导则（试行）》（2014）

5)《关于促进生态（社区）博物馆发展的通知》（2011）

6)《博物馆建筑设计规范》（JGJ66-2015）

7)《全国博物馆评估办法（试行）》（2008）

山东省：

8)《山东省文物保护条例》（2010）

9)《山东省非物质文化遗产条例》（2015）

10)《山东"乡村记忆"工程技术导则（试行）》（2015）

11)《山东省"经济社会发展变迁物证征藏"试点工作报告》（2016）

其他资料：

12)《甘肃博物馆分类及设立标准》（2015）

13)《甘肃省"乡村记忆"博物馆建设标准及2016年工作安排》（2016）

附 录

表1 物质文化遗产资源

序号	类别名称		具体案例
1	生产工具类	耕种收获工具	镢、锄、铧、镰、镐、锹、镰刀、犁、耧车、耙、播种机、收割机等
		加工工具	碌碡、碾、磨、碓、砻、磙、臼、扇车、箩、脱粒机等
		田间管理工具	化肥、农药、农用薄膜、施肥机、抓钩、三齿钩、铁叉、耘、铲、铫、喷雾器、水车、辘轳、桔槔、抽水泵等
		手工业工具	纺织工具，木匠、铁匠、皮匠、石匠和泥瓦匠使用的工具，粉坊、油坊、磨坊、弹花和轧花工具等

续表

序号	类别名称		具体案例
2	生活用具类	炊食器	各种材质的锅、碗、盆、盘、筷子、盅、杯、壶、瓶、糕点模具,各类风箱、鼓风机、煤气炉、灶台,各种火镰、火柴、沼气用具等
		照明用具	煤油灯、豆油灯、蜡烛、烛台、台灯、应急灯、电灯、手电筒等
		家具	各种材质的床、桌、椅、凳、沙发、柜、橱、箱、条几等
		日用杂器	簸箩、簸箕、面斗、扁担、水桶、水缸、筐、篮子、抓、笤帚、缝纫机、暖壶、剃须刀、剃头刀、旅行箱等
		礼仪用品	喜帖、花轿、喜杆、锣、鼓、礼服、盖头、首饰盒、唢呐、丧服等
3	交通运输工具类	陆路交通运输工具	舆轿、兽力车、人力车、自行车、摩托车等
		水上交通运输工具	木(竹)排、本(竹)筏和舟船等
4	服装饰品类		上衣、裙子、裤子、鞋子、帽子、项链、手镯、手链、戒指、胸针
5	文娱用品类		文房用具、乐器、戏装、脸谱、乐谱、道具以及各类棋牌和玩具等
6	民间艺术品类		年画、书画、春联、剪纸、风筝、皮影、雕刻、漆器、壁画、刺绣、面塑、泥塑等

续表

序号	类别名称		具体案例
7	文献档案类	史志方志	年鉴、地方志、专志等
		政策规章	各种规定、规章和制度,各种通知、通报、公告、公报、告示、布告,各级规划、大纲,各类细则、简章,各级政府的指示、指令,各种会议的决定、决议以及各级政府的命令、任命等
		报告总结	各种意见、方案,各类请示、报告,各种会议记录、纪要、电话记录,各种小结、总结、简报,上级的批示、批复,各部门的预算、决算等
		书函类	文稿,诗稿,笔记,札记,留言,题字,摘记,日记,周记,书信,明信片,贺年电报,请柬,谢函,请假条,申请书,介绍信,证明信,申明,启事,决心书,保证书,检查书等
		宣传品	重大事件或历次群众性运动中散发、张贴的传单、标语、宣传画、海报,各类新闻稿、通讯稿、广播稿和黑板报原稿以及各种书籍、报纸和期刊等
8	证书徽章类	证书	聘书、任命书、委任状、出生证、工作证、出入证、党员证、会员证、出席证、毕业证、结婚证、居民证、户口本、身份证、选举证等
		徽章	奖状、证章、奖章、纪念章、徽章、奖杯等
		印信匾额	各级政府、各组织机构的印章、印信、标牌、匾额等
		旗子	旗子,如队旗、校旗、会旗、贺幛、锦旗、指挥旗、彩旗等
9	契约文书类		地契、房契、协议、合同、土地证、析产书等
10	票据凭证类	票据	粮票、布票、煤票、油票、肉票、发票、收据、税票、债券、彩票、奖券、支票、金融券、邮票、车船票、飞机票等
		凭证	存单、存折、信用卡、银行卡、账簿、析产书、统计表、领条、借条、路条和请假条等
11	乡规民约类		家谱、族谱、村志、家规、家训、族规、村规等

续表

序号	类别名称	具体案例
12	影像资料类	照片、底片、图片、唱片、录像资料、录音资料、纪录片、影视资料等
13	度量衡	尺子、秤、量、斗、升、戥子、步规、秤砣、砝码等
14	农副产品	有划时代意义的种子、果苗及农副产品等
15	其他物质文化遗产资源	

表2 非物质文化遗产资源

序号	类别名称		具体案例
1	传统口头文学以及作为其载体的语言		打油诗、民间故事、对联、绕口令、谚语、谜语、歇后语、民歌、民谣、笑话等
2	传统美术、书法、音乐、舞蹈、戏剧、曲艺和杂技		—
3	传统技艺、医药和历法	传统技艺	传统陶瓷制作技艺、织染技艺、金属制作技艺、髹漆技艺、造纸技艺、印刷技艺、造船技艺、酿酒技艺、制茶技艺、制盐技艺、食品加工技艺、建筑营造技艺
		医药	中草药
		历法	农历
4	传统礼仪、节庆等民俗活动	传统礼仪	婚嫁礼仪、寿诞礼仪、建房乔迁礼仪、庆贺礼仪、交往礼仪、丧葬礼仪、节日礼仪、称谓礼仪等
		节庆	春节、元宵节、清明节、端午节、七夕节、中秋节、重阳节、中元节等
5	传统体育和游艺		武术、放风筝、打角螺、弹弓、跳房子、跳绳子、拈石子、老鹰担鸡、斗蟋蟀、滚铁环、捉迷藏、纸牌、折纸、七巧板、剪纸、跳皮筋、丢手绢等
6	非遗技艺传承人		能够进行言传身教、口传心授,在技术层面和精神层面进行技艺传承的传承人

续表

序号	类别名称	具体案例
7	文化场所与空间	与传统文化表现形式相关的集中区域或场所
8	其他非物质文化资源	

附文 5-2　关于开展"千村档案"建设工作的通知

（浙档发〔2016〕13号）

各市、县（市、区）档案局、农办、财政局：

为完整记录、保存历史文化村落的基本信息和历史面貌，保护和弘扬优秀文化传统，根据省委、省政府印发的《关于加强历史文化村落保护利用的若干意见》（浙委办〔2012〕38号）、《浙江省深化美丽乡村建设行动计划（2016—2020年）》（浙委办发〔2016〕21号）文件要求，省档案局、省农办、省财政厅决定在全省范围内开展"千村档案"建设工作。现将有关事项通知如下：

一、工作目标

通过建档存史，全面盘清我省历史文化村落的家底，记录各类村落的多样性原生态信息，建构"一村一档"、丰富完整的"千村档案"数据库，推进村级档案的规范化管理，充分发挥档案记录历史、服务现实的作用，让村落的历史文化遗产得到更好的传承和利用，彰显我省美丽乡村建设的地域特色和人文特点。

二、工作对象

"千村档案"建设工作的近期实施对象为2015年列入"全省各县（市、区）历史文化村落保有数量和名单库"的村落，计划通过2—3年时间，推进村落的实体建档和档案数据库建立工作，并力争实现我省其他各类村落的档案资源建设全覆盖。

三、主要工作内容

按照统一的标准规范，以"一村一档"的形式，对村落的历史文化信息资源进行挖掘、收集、整理和归档，建构包含文字、图片、声像在内的"千村档案"数据库。主要工作内容分为五个方面：

（一）对村落历史文化信息资源进行摸底调查。按照村落基本信息、村落环境、村落建筑、历史要素、民俗文化、文献资料、人物事件、保护与发展等八个方面构成的框架，调查梳理档案馆、政府部门、乡镇、村、社会组织及有关个人现存的村落历史文化信息资源，明晰其数量、内容及存放地点，并形成目录清单。

（二）整合各方保存的村落历史文化信息资源。通过县、镇、村的三级协同合作，全面收集、整合档案馆、政府部门、乡镇、村、社会组织及有关个人等各方面形成的反映村落历史文化的原始基础材料。如档案馆馆藏的有关该村落的档案、资料；农办部门在历史文化村落保护利用项目、"千村故事"等工作中形成的材料；住建部门在历史文化名村、传统村落申报工作中形成的材料等；文化部门的非物质文化遗产登记资料、文物普查登记资料等；社会组织及有关个人保存的有关该村落的文字、图片和声像等材料。

（三）对村落历史文化信息资源进行补充建档。对照《村落历史文化信息资源建档框架》（见附件1），梳理现有资源的缺失部分，积极开展补充建档工作。一是对村落中缺乏图文记载的自然、人文要素进行必要的补充拍摄和文字记录；二是通过访谈、拍摄等手段为村落典型人物和重要事件建立规范的口述历史档案；三是对收集、整合形成的各种纸质档案、照片及文献资料等原始基础材料进行数字化加工，形成数字档案；对破损的珍贵资源提供必要的修复和复制。具体建档要求见附件2。

（四）建构"一村一档"形式的村落档案数据库。对数字化加工形成的村落历史文化信息数字资源进行分类、整理和编目，录入"千村档案"数据管理系统（该软件将由省档案局统一制作下发）。建库工作以单个村落为基本单位，对现有涉及该村落的数字资源进行编目和挂接，应尽量完整填写数字资源的标题、责任者、形成时间、文字描述等基本著录要素，并做好该数字资源与相关数字资源之间的关联标记。各地建库工作完成以后，届时将根据统一安排，向省档案局上报数据。

（五）推进村级档案规范化管理和展示场所建设。各级档案部门要推进历史文化村落的村级档案规范化建设，指导村级组织做好村务管理、文化建设和村落保护利用等各方面文件材料的收集、整理和归档，使村级档案和乡土文献资料能够得以长久安全保存；同时，积极指导有条件的村落利用现有的历史文化信息资源丰富农村文化礼堂陈列展览，打造"乡村记忆馆""乡土资料馆""村史馆"等村落历史文化传承场所。

四、工作要求

（一）加强组织领导。"千村档案"建设工作已写入《浙江省深化美丽乡村建设行动计划（2016—2020年）》，并纳入"美丽乡村示范县"考核内容。各级农办、档案、财政部门要充分认识建立"千村档案"的重要意义，作为落实省委、省政府深化美丽乡村建设重大决策部署的一项具体行动，摆上本地美丽乡村建设工作重要议程，成立专项工作小组，落实人员，制定本地区"千村档案"建设工作计划，广泛发动，分步实施，确保此项工作顺利有效开展。

（二）明确职责分工。省农办负责"千村档案"建设工作的统筹规划、组织协调等工作，省档案局负责标准制定、业务指导和培训、全省数据汇总、考核验收等工作；市农办、档案局负责本地区工作的部署开展、检查指导和试点培育；县（市、区）农办、档案局负责本地村落历史文化信息资源的摸底调查，组织乡镇、村做好村落历史文化信息资源的采集、数字化加工、整理建库、实体建档和数据报送等工作，县（市、区）财政部门负责落实本地区"千村档案"建设必要的工作经费。

（三）加强宣传发动。各地要充分发挥村级组织和农民群众的主体作用，调动其主动性和积极性，深入挖掘、收集村落历史文化信息资源；加强与相关部门单位的协同合作，全面整合其在各项农村文化活动中形成的村落相关材料；积极与专业文化机构和有关社会力量进行合作，采取外包、众包等方式，广泛征集相关村落历史文化信息资源。

各地在开展"千村档案"建设工作时遇到有关问题请及时与省档案局业务指导处联系，联系人：夏振华，联系电话：0571-85113166。

浙江省档案局
浙江省农业和农村工作办公室
浙江省财政厅
2016年6月24日

附件1：村落历史文化信息资源建档框架

类别	建档内容	建档提示
A. 基本 信息	1. 村落名称、地理信息、形成年代、地形地貌、村落面积、人口数量、主要民族、经济收入等基本信息	收集村落向农办、住建等部门上报的材料
	2. 村落概况、村名由来、历史沿革、大事记等	以村落提供的文字为主

续表

类别	建档内容	建档提示
B. 村落环境	1. 村落全貌：如村落鸟瞰图、航拍图等	以照片为主；文字描述应说明方位、名称等
	2. 村落与自然关系：如与村落选址和发展紧密相关的山脉、水系、森林、地质等	
	3. 村落不同角度的景象	
	4. 选址格局	收集有关部门现已制作形成的图片资料
	5. 主要街巷：如传统轴线、主干道、商铺街等	以照片为主；文字描述应说明方位、名称、功用等
	6. 公共空间：如晒谷场、广场等	
	7. 自然风光：如有特色的自然风光、景观或者名胜	
	8. 人居环境：如交通状况、居住条件、公共服务等	
C. 村落建筑	1. 公共建筑：如庙宇、祠堂、戏台、书院等	以照片为主，包括建筑外部、内部以及局部细节；文字描述应说明建筑位置、建成年代、历史功能、产权归属等
	2. 居民建筑：包括传统民居、普通民居	
	3. 传统作坊：如造纸坊、染坊、打铁铺等	
	4. 其他：村部办公场所、工厂企业、学校、诊所、主要商铺等	
D. 历史要素	1. 反映村落历史风貌、构成村落特征的要素：如塔桥亭阁、井泉沟渠、壕沟寨墙、堤坝涵洞、石阶铺地、码头驳岸等	以照片为主；文字描述应说明历史要素的名称、形成时间、功用等信息
	2. 祖宗牌位、画像	
	3. 碑刻、匾联、墙体标语	
	4. 古树名木	
	5. 传统产业遗存、历史上建造的用于生产、消防、防盗、防御的特殊设施等	

续表

类别	建档内容	建档提示
E. 民俗文化	1. 生活场景：当地特有的生活物品、饮食、服装、交通方式等	以照片、视频为主；文字描述应说明场景、物件或者活动的名称、时间、特点等信息
	2. 生产方式：当地特有的农、林、副、渔等生产场景及生产工具，当地主要经济产业的生产场景	
	3. 民俗活动：具有地方特色的庙会、迎新、祈福、婚嫁、丧葬等节庆仪式和活动，也包括村民的文体活动和娱乐活动	
	4. 口头文学：包括历史传说、神话典故、革命故事等口头文学，以及本地流传的方言、谚语、俚语、民歌、民谣、戏曲	以文字、扫描形成的电子文档或图片为主；文字描述应说明形成时间、作者等信息
	5. 特产工艺：当地出产的土特产品、手工制品	以照片为主；文字描述应说明特产工艺的名称、特点、制作过程等信息
	6. 非物质文化遗产	以照片、视频为主；文字描述应说明该非物质文化遗产的名称、特点、制作过程、传承人等信息
	7. 村民的书法、美术、雕刻等作品	以照片为主，文字描述应说明该作品的名称、作者、形成时间等信息
F. 文献资料	1. 村志、宗谱	以扫描形成的电子文档或图片为主，文字描述应说明文献资料名称、形成时间、作者、出版社或其他有价值的信息
	2. 正式出版物：以本村内容为主的各类正式出版的书籍	
	3. 非正式出版物：如画册、图册等	
	4. 其他与村落有关的报刊、论文、出版物、音像等资料：如有关村落新闻报道的报纸、吟咏村落风物的诗集（有部分涉及的）等	
	5. 村档案室保存的能够反映村庄发展轨迹的有关档案资料：如早期的收支账簿、生产学习资料等	
	6. 其他零散资料：如地图、契约、票据等	

续表

类别	建档内容	建档提示
G. 人物事件	1. 普通村民（具有代表性的）、古今重要人物、典型模范	以照片为主，可为单人照、家庭合照，应注明人物身份、年龄及家庭成员关系；对于古今重要人物、典型模范应描述其主要事迹；具备条件的，可按口述历史档案建档标准建立文字和音频、视频记录
	2. 对本村发展变迁有重大历史意义的事件	以文字为主，辅以照片；具备条件的，可按口述历史档案建档标准建立文字和音频、视频记录
H. 保护与发展基础资料	1. 既有保护管理机构、规章制度、行政管理文件、乡规民约等；既有保护工程实施情况、保护资金等情况	以扫描形成的电子文档为主；收集村民自治章程、村规民约、村民代表会议制度、财务管理制度等文件材料；收集有关部门针对村落已形成的规划、方案等材料；收集其他村落发展综合性文字材料
	2. 已公布的村庄规划、保护发展规划、产业规划、旅游规划、道路交通规划、资源利用规划等的规划成果	
	3. 人口、用地性质、交通状况、经济状况，基础设施和公共服务设施等社会环境	

附件2：村落历史文化信息资源建档基本要求

1. 根据建档对象，灵活采取文字信息、图片、音频、视频、电子文档等形式进行建档。

2. 建档工作以档案馆、政府部门、乡（镇）、村、社会组织及有关个人现存的反映村落历史文化的各类档案、资料为主。对照《村落历史文化信息资源建档框架》，对于确有保存价值，但尚无图文记载的，可进行补充拍摄、编写。根据建档需要，可视情况向村民征集档案、资料。

3. 归档图片应采用 JPEG、BMP、TIFF 等通用格式，要求原始、真实和清晰，能归档原件的须归档原件。用数码相机拍摄的照片，像素原则上不低于 800 万。用扫描仪扫描的图片，应使用彩色扫描模式，扫描分辨率不低于 300dpi。图片须配有文字，一般分为标题和文字描述，标题要简明扼要地描述每一张图片的主要内容，文字描述则是对标题未尽事项的补充说明，另外应有作者、形成时间等要素。

4. 对能够使用扫描仪扫描的纸质文献资料应进行数字化加工（不便扫描的，可使用相机拍摄），页数较多的纸质文献资料可扫描成 PDF 格式的电子文档，扫描模式为彩色，扫描分辨率不低于 200dpi。

5. PDF、WORD、EXCEL 及其他非图片、音频、视频格式的文件，应收集最终的版本，无须特别排版，保持其原始性，作为电子文档直接归档。

6. 对有保存价值的、重要的人物和事件，可对当事人或者知情人进行采访，以音频或者视频的方式进行录制，连同记录的文字信息一并归档，制作成口述历史档案。

7. 在建档过程中，应积极对损坏严重的档案、文献资料进行修复，对有较高历史文化价值的档案、文献资料、实物等，档案馆可考虑通过协商的方式，将原件或者复制件接收进馆保存。

附文 5-3　"千村档案"资料收集工作要求

（浙江省杭州市淳安县档案局、淳安县农业和农村工作办公室
《关于开展"千村档案"建设工作的通知》
附件 4：《"千村档案"资料收集工作要求》2018 年 3 月 20 日）

一、资料收集范围

（一）需要村两委提供的资料

1. 村志、宗谱；

2. 村落概况、村名由来、大事记、历史沿革；

3. 关于本村的正式出版物；

4. 关于本村的非正式出版物，如图册、画册等；

5. 村档案室保存的能够反映村庄发展轨迹的有关档案资料，如早期的收支账簿、生产学习资料等；

6. 本村向农办、建设局、文广新局、文礼办等有关部门申报各种项目过程中形成的资料，如《浙江省历史文化村落信息采集表》、文物保护维修设计方案等；

7. 农村文化礼堂创建过程中形成的文件材料，包括陈列展览设计电子底稿（可向广告公司索要）、收集拍摄的照片原件、视频，各种文字材料的电子稿等；

8. 反映本村自然人文的纸质照片、数码照片和录音、录像等材料原件，如村落环境、自然风光、古树名木、村落建筑、文化遗存、非物质文化等方面的照片，反映村民文娱活动的视频等；

9. 县级及县级以上政府部门和有关机构颁发给本村的奖牌、奖章、奖杯、证书的照片；

10. 村民自治章程、村规民约、村民代表会议制度、财务管理制度等

文件材料；

11. 有关本村的新闻报道（报社）、电视节目（电视台）；

12. 其他关于本村的资料复印件、翻拍本等，如县志、镇志上有关该村的篇幅、诗集上有关该村的内容（需要封面、目录及相关页面）。

（二）需要村两委向村民征集的资料

1. 村民个人保存的旧地契、土地房产所有证、分家书、婚书、老地图、拓本、手抄本、票据等各种内容的纸质文献资料；

2. 能够反映不同年代村庄发展轨迹的纸质照片、数码照片和录音、录像等材料原件，如村民不同年代日常生活、生产场景的照片；

3. 部分有典型代表意义的村民家庭合照，如在不同年代拍摄的家庭合照、集体照等；

4. 能够反映传统文化和特定历史时期面貌的生活、生产器具的照片，如传统家具、传统农耕用具等。

（三）需要村两委组织人员协助补充收集的资料

1. 对未曾有图文记录的村落环境、自然风光、古树名木、村落建筑、文化遗存、非物质文化等进行拍摄、记录；

2. 对村里若干年长者进行采访拍摄，口述记录本村如革命战争、人民公社、自然灾害等较为重大的历史事件。

二、资料收集注意事项

1. 同一纸质资料如有新老版本，都要收集，能提供电子版或扫描件的，尽量提供；

2. 新老照片都要收集，属于数码照片的，尽量提供原件；

3. 有些上报镇里、县里的资料，若村里没有留底，则应注明资料去向；

4. 如没有条件拍摄、扫描的，可先集中资料和有关实物，由档案局统一组织拍摄、扫描；

5. 纸质资料要有简要的文字描述，如形成时间、版本、所属者、特殊的人文价值等；

6. 照片应该对所拍摄对象进行简要的文字描述，如拍摄方位、对象名称、对象功能、照片拥有者等，并注明拍摄时间、拍摄者。

附表 3-1　山东省的中国历史文化名村名录（11 个）

中国历史文化名村

第一批：2003 年 10 月 8 日公布，共 12 个；

第二批：2005 年 9 月 16 日公布，共 24 个；

第三批：2007 年 5 月 31 日公布，共 36 个；

第四批：2008 年 10 月 30 日公布，共 36 个；

第五批：2010 年 7 月 22 日公布，共 61 个；

第六批：2014 年 3 月 10 日公布，共 107 个；

第七批：2018 年 12 月 12 日公布，共 211 个。

山东省的中国历史文化名村名录

第一批（2003 年）	0 个
第二批（2005 年）	1 个
	山东省济南市章丘区官庄乡朱家峪村
第三批（2007 年）	1 个
	山东省威海市荣成市宁津街道办事处东楮岛村
第四批（2008 年）	1 个
	山东省青岛市即墨区丰城镇雄崖所村
第五批（2010 年）	1 个
	山东省烟台市淄博市周村区王村镇李家疃村

续表

第六批（2014年）	1个
	山东省烟台市招远市辛庄镇高家庄子村
第七批（2018年）	6个
	山东省济南市章丘区相公庄街道梭庄村 山东省淄博市淄川区洪山镇蒲家庄村 山东省招远市张星镇徐家村 山东省昌邑市龙池镇齐西村 山东省邹城市石墙镇上九山村 山东省巨野县核桃园镇前王庄村
合计	11个

附表3-2　山东省的省级历史文化名村名录（70个）

第一批（2003年）	7个
	济南市章丘区官庄镇朱家峪村 淄博市淄川区洪山镇蒲家庄村 烟台市莱州市沙河镇湾头村 潍坊市寒亭区寒亭街道杨家埠村 济宁市曲阜市南辛镇夫子洞村 济宁市曲阜市小雪街道东岛村 泰安市东平县老湖镇梁林村
第二批（2009年）	5个
	威海市文登市高村镇万家村 淄博市周村区王村镇李家疃村 济南市章丘区相公庄镇梭庄村 淄博市淄川区峨庄乡北上端士村 泰安市肥城市孙伯镇南栾村
第三批（2013年）	18个

续表

	济南章丘区刁镇旧军庄村 济南章丘区双山街道办事处三涧溪村 烟台招远市辛庄镇大涝洼村 烟台招远市辛庄镇孟格庄村 烟台招远市张星镇徐家村 烟台招远市辛庄镇高家庄子村 潍坊安丘市辉渠镇雹泉村 潍坊安丘市辉渠镇黄石板坡村 潍坊昌邑市龙池镇齐西村 潍坊青州市王坟镇赵家峪村 潍坊青州市五里镇井塘村 潍坊青州市弥河镇上院村 潍坊安丘市石埠子镇庵上村 泰安东平县银山镇南堂子村 泰安东平县银山镇东腊山村 济宁邹城市石墙镇上九山村 临沂沂南县马牧池乡长山古村 临沂沂水县马站镇关顶村
第四批（2017年）	40个
	济南市（7个） 济南市长清区归德街道土屋村 济南市章丘区普集街道博平村 济南市章丘区文祖街道三德范村 济南市章丘区文祖街道石子口村 济南市章丘区文祖街道黄露泉村 济南市章丘区官庄街道东矾硫村 济南市莱芜区茶业口镇上王庄村 淄博市（8个） 淄博市淄川区太河镇永泉村 淄博市淄川区太河镇土泉村 淄博市淄川区太河镇西石村 淄博市淄川区太河镇罗圈村 淄博市淄川区昆仑镇张李村 淄博市淄川区寨里镇南峪村 淄博市博山区山头街道古窑村 淄博市周村区王村镇万家村 枣庄市（1个） 枣庄市山亭区冯卯镇水山村 烟台市（9个） 烟台市福山区回里镇善疃村 烟台市福山区回里镇土峻头村 烟台市福山区回里镇刘家庄村

续表

| | 烟台市牟平区龙泉镇马家都村
龙口市诸由观镇西河阳村
龙口市徐福街道桑岛村
龙口市芦头镇庵夼村
蓬莱市北沟镇北林院村
招远市张星镇段家洼村
潍坊市（1个）
昌邑市卜庄镇姜泊村
济宁市（5个）
邹城市香城镇西徐桃园村
嘉祥县卧龙山街道双凤村
嘉祥县纸坊镇武翟山村
嘉祥县马村镇李楼村
梁山县水泊街道前集村
泰安市（2个）
肥城市孙伯镇大石桥村
东平县银山镇西腊山村
日照市（1个）
莒县东莞镇大沈刘庄村
临沂市（3个）
沂水县夏蔚镇王庄村
沂水县院东头镇四门洞村
沂水县院东头镇桃棵子村
聊城市（1个）
莘县大张家镇红庙村
菏泽市（2个）
巨野县核桃园镇前王庄村
巨野县核桃园镇付庙村 |

附表 3-3 山东省的中国传统村落名录（125个）

第一批（2012）	10个
1	济南市章丘区官庄镇朱家峪村
2	青岛市崂山区王哥庄街道青山渔村
3	青岛市即墨区丰城镇雄崖所村

续表

4	淄博市周村区王村镇李家疃村
5	淄博市淄川区太河镇梦泉村
6	淄博市淄川区太河镇上端士村
7	枣庄市山亭区山城街道兴隆庄村
8	潍坊市寒亭区寒亭街道西杨家埠村
9	泰安市岱岳区大汶口镇山西街村
10	威海市荣成市宁津街道东楮岛村
第二批（2013）	6个
11	青岛市即墨区金口镇凤凰村
12	烟台市招远市辛庄镇高家庄子村
13	烟台市招远市辛庄镇大涝洼村
14	烟台市招远市辛庄镇孟格庄村
15	烟台市招远市张星镇徐家村
16	威海市文登区高村镇万家村
第三批（2014）	21个
17	济南市平阴县洪范池镇东峪南崖村
18	枣庄市滕州市羊庄镇东辛庄村
19	烟台市牟平区姜格庄街道办事处里口山村
20	烟台市招远市辛庄镇徐家疃村
21	烟台市招远市张星镇北栾家河村
22	烟台市招远市张星镇川里林家村
23	烟台市招远市张星镇界沟姜家村
24	烟台市招远市张星镇口后王家村
25	烟台市招远市张星镇奶子场村
26	烟台市招远市张星镇上院村
27	烟台市招远市张星镇丛家村
28	烟台市招远市张星镇石棚村
29	济宁市邹城市城前镇越峰村
30	济宁市邹城市石墙镇上九山村

续表

31	威海市荣成市俚岛镇大庄许家社区	
32	威海市荣成市俚岛镇东烟墩社区	
33	威海市荣成市俚岛镇烟墩角社区	
34	临沂市沂南县马牧池乡常山庄村	
35	临沂市沂水县马站镇关顶村	
36	临沂市平邑县柏林镇李家石屋村	
37	临沂市平邑县地方镇九间棚村	
第四批（2016）	38个	
38	济南市长清归德街道双乳村	
39	济南市长清区孝里镇方峪村	
40	济南市章丘区普集街道博平村	
41	济南市章丘区文祖街道三德范村	
42	淄博市淄川区昆仑镇张李村	
43	淄博市淄川区洪山镇蒲家庄村	
44	淄博市淄川区寨里镇南峪村	
45	淄博市淄川区太河镇柏树村	
46	淄博市淄川区太河镇永泉村	
47	淄博市淄川区太河镇罗圈村	
48	淄博市博山区域城镇黄连峪村	
49	淄博市博山区域城镇蝴蝶峪村	
50	淄博市博山区域城镇龙堂村	
51	淄博市周村区北郊镇大七村	
52	淄博市周村区王村镇万家村	
53	枣庄市山亭区北庄镇双山涧村	
54	枣庄市山亭区冯卯镇独古城村	
55	枣庄市山亭区冯卯镇冯卯村	
56	枣庄市滕州市柴胡店镇胡套老村	
57	烟台市龙口市徐福街道桑岛村	
58	烟台市龙口市诸由观镇西河阳村	

续表

59	烟台市龙口市芦头镇庵夼村
60	潍坊市青州市王府街道井塘村
61	潍坊市昌邑市龙池镇齐西村
62	泰安市东平县接山镇朝阳庄村
63	威海市荣成市俚岛镇东崮村
64	威海市荣成市人和镇院夼村
65	济南市莱芜区茶业口镇卧铺村
66	临沂市沂南县铜井镇竹泉村
67	临沂市沂水县马站镇八大庄村
68	临沂市沂水县夏蔚镇王庄村
69	临沂市沂水县泉庄镇崮崖村
70	临沂市费县梁邱镇邵庄村
71	临沂市费县马庄镇西南峪村
72	临沂市临沭县曹庄镇朱村
73	临沂市蒙山旅游区柏林镇金三峪村
74	菏泽市巨野县核桃园镇付庙村
75	菏泽市巨野县核桃园镇前王庄村
第五批（2019）	50个
76	济南市历城区柳埠街道石匣村
77	济南市章丘区普集街道袭家村
78	济南市章丘区相公庄街道梭庄村
79	济南市章丘区官庄街道东矾硫村
80	淄博市淄川区昆仑镇磁村村
81	淄博市淄川区昆仑镇刘瓦村
82	淄博市淄川区罗村镇大弯桥村
83	淄博市淄川区太河镇纱帽村
84	淄博市淄川区太河镇土泉村
85	淄博市淄川区太河镇鲁子峪村
86	淄博市淄川区太河镇池板村

续表

87	淄博市博山区域城镇东流泉村
88	淄博市博山区域城镇上恶石坞村
89	淄博市博山区源泉镇南崮山北村
90	淄博市沂源县燕崖镇姚南峪村
91	枣庄市薛城区陶庄镇前西仓村
92	枣庄市山亭区城头镇东岭村
93	枣庄市山亭区冯卯镇朱元村
94	枣庄市山亭区冯卯镇付庄村
95	烟台市龙口市黄山馆镇馆前后徐村
96	烟台市龙口市芦头镇界沟张家村
97	烟台市莱州市程郭镇前武官村
98	烟台市招远市蚕庄镇山后冯家村
99	烟台市招远市张星镇段家洼村
100	烟台市招远市张星镇仓口陈家村
101	烟台市招远市张星镇宅科村
102	烟台市栖霞市苏家店镇后寨村
103	潍坊市青州市庙子镇黄鹿井村
104	潍坊市昌邑市卜庄镇夏店街村
105	潍坊市昌邑市卜庄镇姜泊村
106	济宁市邹城市香城镇石鼓墩村
107	济宁市邹城市石墙镇东深井村
108	泰安市岱岳区道朗镇二奇楼村
109	泰安市肥城市孙伯镇五埠村
110	泰安市肥城市孙伯镇岈山村
111	威海市荣成市宁津街道东墩村
112	威海市荣成市宁津街道留村
113	威海市荣成市宁津街道马栏耩村
114	威海市荣成市宁津街道渠隔村
115	威海市荣成市港湾街道大鱼岛村

续表

116	威海市荣成市港西镇小西村
117	威海市荣成市港西镇魏魏村
118	威海市乳山市城区街道腾甲庄村
119	威海市乳山市崖子镇大崮头村
120	威海市乳山市诸往镇东尚山村
121	日照市莒县东莞镇赵家石河村
122	日照市莒县桑园镇柏庄村
123	济南市莱芜区和庄镇马杓湾村
124	临沂市沂水县夏蔚镇云头峪村
125	临沂市沂水县泉庄镇石棚村

附表3-4 山东省的省级传统村落名录（511个）

第一批（2014）	103个
	济南市（8个） 济南市章丘区文祖镇三德范村 济南市章丘区普集镇博平村 济南市章丘区相公庄镇梭庄村 济南市平阴县洪范池镇东峪南崖村 济南市平阴县榆山街道办事处东蛮子村 济南市长清区孝里镇方峪村 济南市莱芜区苗山镇南文字街村 济南市莱芜区茶业口镇卧铺村 青岛市（3个） 青岛市黄岛区大场镇西寺村 青岛市即墨区金口镇李家周疃村 青岛市莱西市姜山镇西三都河村 淄博市（16个） 淄博市淄川区洪山镇蒲家村 淄博市淄川区洪山镇土峪村 淄博市淄川区太河镇西股村 淄博市淄川区太河镇西岛坪村 淄博市淄川区太河镇柏树村

续表

	淄博市淄川区太河镇土泉村
	淄博市淄川区太河镇罗圈村
	淄博市淄川区太河镇纱帽村
	淄博市淄川区太河镇双井村
	淄博市淄川区太河镇石安峪村
	淄博市淄川区太河镇杨家庄村
	淄博市博山区八陡镇双凤村
	淄博市博山区山头街道办事处古窑村
	淄博市周村区王村镇万家村
	淄博市桓台县新城镇城南村
	淄博市桓台县新城镇城东村
	枣庄市（4个）
	枣庄市滕州市柴胡店镇胡套老村
	枣庄市滕州市羊庄镇东辛庄村
	枣庄市滕州市羊庄镇北台村
	枣庄市滕州市姜屯镇东滕城村
	东营市（1个）
	东营市垦利区胜坨镇东王村
	烟台市（20个）
	烟台市龙口市诸由观镇西河阳村
	烟台市招远市张星镇奶子场村
	烟台市招远市张星镇界沟姜家村
	烟台市招远市张星镇口后王家村
	烟台市招远市张星镇石棚村
	烟台市招远市张星镇川里林家村
	烟台市招远市张星镇上院村
	烟台市招远市张星镇北栾家河村
	烟台市招远市辛庄镇徐家疃村
	烟台市招远市蚕庄镇山后冯家村
	烟台市莱阳市万第镇后石庙村
	烟台市莱阳市万第镇梁家夼村
	烟台市栖霞市臧家庄镇马陵家村
	烟台市栖霞市苏家店镇后寨村
	烟台市牟平区姜格庄街道办事处里口山村
	烟台市海阳市郭城镇肖家庄村
	烟台市海阳市郭城镇北朱村
	烟台市莱州市三山岛街道办事处王贾村
	烟台市莱州市城港路街道办事处朱旺村
	烟台市莱州市虎头崖镇朱流村
	潍坊市（8个）
	潍坊市昌邑市龙池乡齐西村
	潍坊市昌乐县乔官镇响水崖村

219

续表

| | 潍坊市安丘市柘山镇薛家庄村
潍坊市安丘市辉渠镇下涝坡村
潍坊市安丘市辉渠镇黄石板坡村
潍坊市安丘市辉渠镇西沟村
潍坊市青州市王府街道办事处井塘村
潍坊市寿光市双王城生态经济园区朱头镇村
济宁市（9个）
济宁市嘉祥县卧龙山街道办事处双凤村
济宁市嘉祥县马村镇张家垓村
济宁市曲阜市吴村镇葫芦套村
济宁市曲阜市尼山镇夫子洞村
济宁市梁山县黑虎庙镇西小吴村
济宁市梁山县水泊街道办事处刘集村
济宁市泗水县泗张镇王家庄村
济宁市邹城市石墙镇上九山村
济宁市邹城市城前镇越峰村
泰安市（6个）
泰安市岱岳区满庄镇上泉村
泰安市肥城市仪阳镇鱼山村
泰安市东平县接山镇常庄村
泰安市东平县银山镇南堂子村
泰安市东平县老湖镇梁林村
泰安市东平县接山镇中套村
威海市（8个）
威海市环翠区张村镇王家疃村
威海市荣成市俚岛镇烟墩角社区
威海市荣成市俚岛镇大庄许家社区
威海市荣成市宁津街道办事处留村
威海市荣成市宁津街道办事处渠隔村
威海市荣成市港西镇巍巍村
威海市荣成市俚岛镇项家寨村
威海市乳山市乳山镇南司马庄村
日照市（2个）
日照市莒县碁山镇天成寨村
日照市五莲县街头镇李崮寨村
临沂市（11个）
临沂市临沭县曹庄镇朱村
临沂市蒙山旅游区柏林镇李家石屋村
临沂市蒙山旅游区柏林镇鬼谷子村
临沂市沂水县院东头镇西墙峪村
临沂市沂水县院东头镇桃棵子村
临沂市莒南县大店镇庄氏庄园（七、八、九村） |

续表

	临沂市沂南县铜井镇竹泉峪村 临沂市沂南县马牧池乡常山庄村 临沂市平邑县地方镇九间棚村 临沂市费县梁邱镇邵庄村 临沂市费县薛庄镇大良村 德州市（2个） 德州市武城县四女寺镇四女寺村 德州市临邑县德平镇闫家村 聊城市（2个） 聊城市阳谷县乔润街道办事处迷魂阵村 聊城市阳谷县七级镇七一村 滨州市（1个） 滨州市无棣县海丰街道城里村 菏泽市（2个） 菏泽市巨野县核桃园镇付庙村 菏泽市巨野县核桃园镇前王庄村
第二批（2015）	105个
	济南市（6个） 章丘区普集镇杨官村 章丘区官庄镇东矾硫村 长清区归德镇双乳村 莱芜区颜庄镇澜头村 莱芜区辛庄镇砟峪村 莱芜区茶业口镇逯家岭村 青岛市（1个） 胶州市胶北街道办玉皇庙村 淄博市（13个） 桓台县新城镇新立村 桓台县新城镇城西村 桓台县新城镇城北村 桓台县新城镇东花园村 淄川区寨里镇南峪村 淄川区太河镇王家庄村 淄川区太河镇永泉村 淄川区昆仑镇刘瓦村 博山区域城镇蝴蝶峪村 博山区域城镇黄连峪村 博山区域城镇西厢村 周村区王村镇西铺村 周村区北郊镇大七村

续表

	枣庄市（12个） 滕州市龙阳镇卧龙庄村 滕州市滨湖镇东古村 山亭区桑村镇桑村村 山亭区徐庄镇高山顶村 山亭区水泉镇紫泥汪村 山亭区水泉镇东堌城村 山亭区西集镇伏里村 山亭区北庄镇双山涧村 山亭区城头镇西城头村 山亭区店子镇尚河村 山亭区凫城镇崔庄村 薛城区邹坞镇中陈郝村 东营市（1个） 东营区龙居镇盐坨村 烟台市（25个） 莱阳市照旺庄镇五处渡村 莱阳市照旺庄镇西赵格庄村 莱阳市万第镇儒林泊村 莱阳市吕格庄镇大梁子口村 栖霞市唐家泊镇东三叫村 栖霞市苏家店镇前寨村 栖霞市苏家店镇林家村 栖霞市苏家店镇曹高家村 莱州市郭家店镇小黄泥沟村 莱州市驿道镇刘家洼村 莱州市驿道镇初家村 莱州市朱桥镇大尹家村 招远市张星镇丛家村 招远市辛庄镇磁口村 招远市张星镇口后韩家村 招远市张星镇马格庄村 龙口市芦头镇庵夼村 龙口市徐福街道办桑岛村 龙口市兰高镇镇沙村 牟平区龙泉镇马家都村 蓬莱市北沟镇北林院 蓬莱市北沟镇王格庄村 海阳市朱吴镇乐畎村 海阳市朱吴镇北洛村 海阳市辛安镇北马家村

续表

	潍坊市（6个） 安丘市石埠子镇罗家官庄村 昌乐县乔官镇土埠沟村 临朐县城关街道寨子崮村 临朐县嵩山镇北黄谷村 青州市弥河镇上院村 青州市邵庄镇王辇村 济宁市（8个） 兖州区颜店镇嵫山村 兖州区颜店镇后郗村 邹城市看庄镇柳下邑村 鱼台县张黄镇武台村 鱼台县李阁镇太公庙村 汶上县军屯乡梅山村 梁山县水泊街道办郑垓村 梁山县水泊街道办前集村 泰安市（7个） 岱岳区道朗镇二起楼村 东平县银山镇山赵村 东平县斑鸠店镇子路村 东平县戴庙镇司里村 东平县老湖镇柳村 肥城市仪阳镇空杏寺村 肥城市安临站镇井峪村 威海市（8个） 荣成市人和镇院夼村 荣成市俚岛镇东崮村 荣成市俚岛镇东烟墩社区 荣成市寻山街道办嘉渔汪村 荣成市宁津街道办马栏耩村 荣成市港西镇小西村 乳山市诸往镇东尚山村 乳山市大孤山镇东林家村 日照市（1个） 莒县桑园镇柏庄村 临沂市（13个） 沂南县铜井镇张家坪村 沂水县马站镇关顶村 沂水县泉庄镇崮崖村 沂水县夏蔚镇王庄村 沂水县夏蔚镇云头峪村 平邑县平邑街道办西张庄二村

续表

	蒙阴县桃墟镇前城村 蒙阴县岱崮镇蒋家庄村 蒙阴县岱崮镇笊篱坪村 蒙阴县岱崮镇马子石沟村 蒙阴县野店镇寨后万村 费县马庄镇西南峪村 费县马庄镇西荆湾村 德州市（1个） 武城县四女寺镇吕庄子村 聊城市（1个） 阳谷县阿城镇海会寺村 滨州市（1个） 沾化区古城镇西关村 菏泽市（1个） 鄄城县箕山镇孙花园村
第三批（2016）	103个
	济南市（11个） 长清区归德镇土屋村 章丘区文祖街道办郭家庄村 章丘区文祖街道办西王黑村 章丘区文祖街道办大寨村 章丘区文祖街道办东、西田广村 章丘区普集街道办龙华村 章丘区普集街道办于家村 章丘区曹范镇叶亭山村 莱芜区茶业口镇上王庄村 莱芜区茶业口镇中法山村 莱芜区雪野镇娘娘庙村 青岛市（3个） 即墨区金口镇南里村 即墨区金口镇西枣行村 即墨区田横镇周戈庄村 淄博市（19个） 淄川区太河镇池板村 淄川区太河镇方山村 淄川区太河镇小口头村 淄川区太河镇下雀峪村 淄川区太河镇鲁子峪村 淄川区太河镇下岛坪村 淄川区太河镇西石村 淄川区太河镇下端士村

续表

	淄川区昆仑镇张李村 淄川区寨里镇苗峪口村 淄川区罗村镇大鸾桥村 周村区南郊镇韩家窝村 周村区王村镇东铺村 周村区王村镇北河东村 博山区域城镇龙堂村 博山区域城镇镇门峪村 博山区域城镇峪口村 博山区石马镇南沙井村 高青县高城镇西关村 枣庄市（6个） 山亭区北庄镇洪门村 山亭区冯卯镇独孤城村 山亭区桑村镇瓜园村 山亭区桑村镇艾湖村 山亭区水泉镇化石岭村 市中区税郭镇东郝湖村 烟台市（18个） 莱州市朱桥镇紫罗姬家村 莱州市金城镇后坡村 莱州市永安街道办海庙于家村 莱州市沙河镇西杜家村 牟平区龙泉镇河北崖村 蓬莱市潮水镇费东村 栖霞市苏家店镇赵格庄村 栖霞市苏家店镇大蔡家村 栖霞市唐家泊镇西三叫村 栖霞市松山街道办朱元沟村 招远市张星镇仓口陈家村 海阳市郭城镇战场泊村 龙口市石良镇庵下吴家村 福山区回里镇土峻头村 福山区回里镇善瞳村 莱阳市万第镇护驾崖村 莱阳市照旺庄镇黄埠寨村 莱阳市姜疃镇凤头村 潍坊市（5个） 安丘市柘山镇华家宅村 青州市庙子镇黄鹿井村 青州市邵庄镇北薛村 高密市东北乡文化发展区平安庄村

续表

	临朐县寺头镇大时家庄村
	济宁市（7个）
	泗水县苗馆镇山合寨村
	邹城市香城镇石鼓墩村
	金乡县王丕街道办王丕庄村
	微山县驩城镇尹洼村
	曲阜市石门山镇丁家庄村
	嘉祥县孟姑集镇岳楼村
	梁山县水泊街道办郝山头村
	泰安市（5个）
	岱岳区道朗镇西山村
	岱岳区祝阳镇徐家楼村
	东平县接山镇朝阳庄村
	东平县接山镇荣花树村
	东平县接山镇尹山庄村
	威海市（5个）
	文登区高村镇慈口观村
	荣成市港湾街道办牧云庵社区
	荣成市宁津街道办所后王家村
	荣成市宁津街道办所后卢家村
	荣成市宁津街道办止马滩村
	日照市（1个）
	莒县库山乡苑家沟村
	临沂市（15个）
	平邑县长山生态保护区白龙泉村
	蒙阴县坦埠镇东西崖村
	蒙阴县岱崮镇大崮村
	蒙阴县岱崮镇丁家庄村
	蒙阴县岱崮镇大朱家庄村
	蒙阴县岱崮镇黑土洼村
	兰陵县尚岩镇万村
	兰陵县兰陵镇沈坊前村
	沂水县泉庄镇石棚村
	沂水县马站镇八大庄村
	费县南张庄乡北刘家庄村
	费县马庄镇东天井汪村
	费县马庄镇许由洞村
	费县马庄镇小夏庄村
	蒙山旅游区柏林镇金三峪村
	德州市（1个）
	临邑县理合务镇大蔺家村
	聊城市（5个）

续表

	莘县大张家镇北马陵村 莘县大张家镇红庙村 东阿县姜楼镇魏庄村 东阿县刘集镇苫山村 东阿县刘集镇前关山村 菏泽市（2个） 东明县菜园集镇庄寨村 曹县侯集回族镇梁堌堆村
第四批（2017）	100个
	济南市（14个） 长清区双泉镇小张村 南部山区管委会柳埠街道办事处石匣村 章丘区普集街道办事处万山村 章丘区文祖街道办事处石子口村 章丘区文祖街道办事处朱公泉村 章丘区相公庄街道办事处十九郎村 章丘区刁镇旧军村 章丘区官庄街道办事处北王庄村 章丘区官庄街道办事处孟家峪村 章丘区官庄街道办事处石匣村 平阴县洪范池镇大黄崖村 莱芜区茶业口镇潘家崖村 莱芜区茶业口镇中茶业村 莱芜区和庄镇马杓湾村 淄博市（21个） 淄川区岭子镇大口村 淄川区岭子镇王家村 淄川区西河镇大安村 淄川区寨里镇赵家岭村 淄川区寨里镇双旭村 淄川区太河镇西石门村 淄川区太河镇城子村 博山区域城镇山王庄村 博山区域城镇青龙湾村 博山区域城镇西流泉村 博山区源泉镇南崮山北村 博山区八陡镇福山村 高青县青城镇西北街村 沂源县南鲁山镇水么头河北村 沂源县南鲁山镇双石屋村

续表

	沂源县石桥镇后大泉村
	沂源县燕崖镇姚南峪村
	沂源县鲁村镇安平村
	周村区王村镇沈古村
	周村区王村镇苏李村
	周村区王村镇王村
	枣庄市（8个）
	滕州市姜屯镇前李店村
	薛城区陶庄镇前西村
	山亭区城头镇东岭村
	山亭区店子镇罗营村
	山亭区店子镇剪子山村
	山亭区冯卯镇竹园村
	山亭区凫城镇王家湾村
	山亭区北庄镇三道峪村
	烟台市（10个）
	莱州市金城镇城后万家村
	龙口市黄山馆镇馆前后徐家村
	招远市张星镇北于家庄子村
	牟平区龙泉镇狮子夼村
	栖霞市桃村镇铁口村
	栖霞市松山街道办事处母山后村
	栖霞市苏家店镇苗家村
	莱阳市姜疃镇地北头村
	莱阳市万第镇小院村
	福山区回里镇刘家庄村
	潍坊市（4个）
	青州市邵庄镇刁庄村
	青州市邵庄镇东峪村
	安丘市郚山镇南官庄村
	昌邑市卜庄镇夏店街村
	济宁市（6个）
	金乡县化雨镇化南村
	梁山县水泊街道办事处马振扬村
	邹城市峄山镇东颜村
	邹城市田黄镇杨峪村
	邹城市香城镇马石片村
	邹城市石墙镇东深井村
	泰安市（4个）
	岱岳区祝阳镇东大官村
	岱岳区道朗镇东西门村

续表

	新泰市龙廷镇掌平洼村 东平县旧县乡浮粮店村 威海市（11个） 环翠区张村镇姜家疃村 文登区葛家镇东于疃村 荣成市宁津街道办事处东墩村 荣成市宁津街道办事处林家流村 荣成市宁津街道办事处东苏家村 荣成市宁津街道办事处口子村 荣成市宁津街道办事处北场村 荣成市斥山街道办事处盛家村 荣成市俚岛镇瓦屋石村 乳山市海阳所镇赵家庄村 乳山市大孤山镇大史家村 日照市（1个） 莒县东莞镇赵家石河村 临沂市（11个） 沂水县夏蔚镇水源坪村 沂南县依汶镇孙隆村 平邑县铜石镇赵家峪村 平邑县铜石镇张家棚村 平邑县铜石镇平顶山村 平邑县铜石镇牛角村 平邑县铜石镇营子洼村 平邑县平邑街道办事处大殿汪村 蒙阴县岱崮镇燕窝村 蒙阴县岱崮镇东上峪村 蒙阴县岱崮镇岱崮村 德州市（1个） 乐陵市花园镇王母殿村 聊城市（5个） 莘县大王寨镇杨庄村 莘县张鲁回族镇南街村 莘县莘亭街道办事处曹屯村 东阿县刘集镇后关山村 东阿县刘集镇皋上村 菏泽市（4个） 郓城县张集乡状元张楼村 巨野县独山镇东隅村 巨野县核桃园镇前山王村 巨野县核桃园镇尹口村

续表

第五批（2018）	100个
	济南市（6个） 长清区孝里镇北黄崖村 长清区孝里镇南黄崖村 长清区孝里镇岚峪村 南部山区西营镇黄鹿泉村 南部山区西营镇天晴峪村 南部山区仲宫街道 凤凰村 青岛市（4个） 黄岛区铁山街道上沟村 即墨区金口镇北迁村 平度市田庄镇官庄北村 平度市店子镇上洄村 淄博市（35个） 淄川区太河镇前沟村 淄川区太河镇上岛坪村 淄川区太河镇陈家井村 淄川区太河镇秦家庄村 淄川区太河镇李家村 淄川区太河镇东东峪村 淄川区太河镇响泉村 淄川区岭子镇槲林村 淄川区岭子镇林峪村 淄川区岭子镇黄家峪村（五股泉） 淄川区寨里镇土古堆村 淄川区寨里镇槲坡村 淄川区昆仑镇马棚村 淄川区昆仑镇磁村 淄川区西河镇东峪村 淄川区西河镇龙湾峪村 博山区博山镇郭东村 博山区博山镇五福峪村 博山区源泉镇麻庄村 博山区博山镇邀兔村 博山区域城镇上恶石坞村 博山区石马镇西沙井村 博山区石马镇东石村

续表

	博山区石马镇上焦村
	博山区石马镇盆泉村
	博山区石马镇下焦村
	博山区石马镇响泉村
	周村区王村镇前坡村
	周村区王村镇王洞村
	沂源县东里镇东安村
	沂源县鲁村镇楼子村
	沂源县鲁村镇南泉村
	沂源县鲁村镇月庄村
	沂源县西里镇张家泉村
	沂源县悦庄镇八仙官庄村
	枣庄市（5个）
	薛城区陶庄镇奚村
	山亭区西集镇东集村
	山亭区水泉镇板上村
	山亭区冯卯镇朱山村
	山亭区冯卯镇望母山村
	烟台市（14个）
	福山区门楼镇邱家庄村
	福山区张格庄镇西水夼村
	福山区张格庄镇瑶台村
	牟平区龙泉镇匣子口村
	牟平区龙泉镇邹家庄村
	龙口市石良镇水夼村
	龙口市芦头镇界沟张家村
	龙口市芦头镇界沟刘家村
	龙口市北马镇下虎龙石村
	龙口市黄山馆镇構下刘家村
	招远市张星镇宅科村
	招远市蚕庄镇西山王家村
	招远市张星镇段家洼村
	栖霞市松山街道北路家沟村
	潍坊市（11个）
	青州市庙子镇窦家崖村
	青州市庙子镇长秋村
	青州市邵庄镇老山村
	安丘市柘山镇邵家崖村
	安丘市大盛镇牛沐村
	临朐县辛寨镇吉寺埠村
	临朐县九山镇石瓮沟村
	临朐县寺头镇赵家北坡村

231

续表

	临朐县五井镇隐士村 临朐县冶源镇李家庄子村 临朐县寺头镇东福泉村 济宁市（1个） 金乡县化雨镇李楼村 泰安市（3个） 新泰市龙廷镇太公峪村 肥城市孙伯镇五埠村 肥城市孙伯镇岈山村 威海市（10个） 文登区文登营镇沟于家村 文登区界石镇梧桐庵村 文登区界石镇六度寺村 文登区界石镇三瓣石村 文登区高村镇莲花城村 文登区宋村镇山东村 文登区埠口港下埠前村 文登区米山镇长山村 文登区米山镇西山后村 乳山市白沙滩镇焉家村 临沂市（9个） 沂南县青驼镇大冯家楼子村 沂南县张庄镇大岱村 沂南县辛集镇苗家曲村 沂水县高庄镇杏峪村 沂水县高庄镇龙湾村 沂水县高庄镇桃花坪村 兰陵县向城镇杭头村 兰陵县金岭镇压油沟村 平邑县白彦镇彭庄村 聊城市（1个） 莘县河店镇马桥村 菏泽市（1个） 东明县菜园集镇西李寨村

附表3-5　山东省"乡村记忆"工程推荐试点单位名单（24个）

传统文化乡镇	2个
	泰山景区大津口乡 荣成市宁津街道
传统文化村落（街区）	16个
	长清区孝里镇方峪村 章丘相公庄镇梭庄村 即墨丰城中心社区雄崖所村 周村王村镇李家疃村 山亭山城街道兴隆庄村 滕州柴胡店镇葫芦套村 招远辛庄镇高家庄子村 青州王府街道办事处井塘村 邹城石墙镇上九山村 岱岳大汶口镇山西街村 文登高村镇万家村 莒县桑园镇柏庄村 莱芜区苗山镇南文字村 蒙阴岱崮镇丁家庄村 沂南马牧池乡常山庄村 阳谷七级镇七级运河古街区
乡村（社区）博物馆	6个
	历城相公庄村社区博物馆 章丘旧军村村史博物馆 周村大街博物馆群 微山南阳镇民俗博物馆 临沭朱村博物馆 菏泽鲁西南民俗博物馆

附表3-6 山东省第一批"乡村记忆"工程文化遗产名单（300个）

传统文化乡镇	7个
	淄博市（2个） 淄川区太河镇 博山区八陡镇 枣庄市（1个） 山亭区徐庄镇 泰安市（1个） 泰山景区大津口乡 威海市（1个） 荣成市俚岛镇 临沂市（1个） 蒙阴县岱崮镇 滨州市（1个） 沾化县古城镇
传统文化村落、街区	171个
	济南市（16个） 章丘区普集镇博平村 章丘区相公庄镇梭庄村 章丘区文祖镇三德范村 章丘区双山街道三涧溪村 章丘区官庄乡朱家峪村 历城区柳埠镇黄巢村 平阴县洪范池镇东峪南崖村 平阴县榆山街道东蛮子村贤子峪村 长清区孝里镇方峪村 莱芜区苗山镇南文字村 莱芜区苗山镇五色崖村 莱芜区茶业口镇逯家岭村 莱芜区茶业口镇卧铺村 莱芜区和庄镇青石关村 莱芜区颜庄镇黄花店村 莱芜区羊里镇城子县村 青岛市（7个） 即墨区丰城镇雄崖所村 即墨区金口镇凤凰古村

续表

	即墨区金口镇李家周疃村
	即墨区七级镇大欧戈庄村
	黄岛区大场镇西寺村
	莱西市姜山镇西三都河村
	崂山区王哥庄街道青山渔村
	淄博市（25个）
	淄川区太河镇梦泉村
	淄川区太河镇上端士村
	淄川区太河镇纱帽村
	淄川区太河镇西岛坪村
	淄川区太河镇西股村
	淄川区太河镇柏树村
	淄川区太河镇土泉村
	淄川区太河镇罗圈村
	淄川区太河镇双井村
	淄川区太河镇石安峪村
	淄川区太河镇杨家庄村
	淄川区洪山镇蒲家庄村
	淄川区洪山镇土峪村
	博山区八陡镇福山村
	博山区八陡镇双凤村
	博山区山头街道河南东村
	博山区山头街道古窑村
	博山区源泉镇岳西村
	博山区开发区下虎村
	周村区王村镇万家村
	周村区王村镇李家疃村
	周村区南郊镇韩家窝村
	桓台县新城镇城南村
	桓台县新城镇城东村
	临淄区金山镇黎金山村
	枣庄市（9个）
	滕州市羊庄镇北台村
	滕州市羊庄镇东辛庄村
	滕州市木石镇粮峪村
	滕州市姜屯镇东滕城村
	滕州市柴胡店镇葫芦套村
	山亭区山城街道兴隆庄村
	山亭区徐庄镇邢山顶村
	山亭区徐庄镇高山顶村
	薛城区邹坞镇中陈郝村
	东营市（1个）

续表

	垦利区胜坨镇东王村
	烟台市（33个）
	招远市张星镇奶子场村
	招远市张星镇徐家村
	招远市张星镇北栾家河村
	招远市张星镇川里林家村
	招远市张星镇丛家村
	招远市张星镇界沟姜家村
	招远市张星镇口后王家村
	招远市张星镇上院村
	招远市张星镇石棚村
	招远市辛庄镇高家庄子村
	招远市辛庄镇大涝洼村
	招远市辛庄镇徐家疃村
	招远市辛庄镇孟格庄村
	招远市蚕庄镇东曲城村
	招远市蚕庄镇河东王家
	招远市蚕庄镇山后冯家村
	海阳市郭城镇北朱村
	海阳市郭城镇肖家村
	海阳市郭城镇西鲁家夼村
	海阳市核电装备制造工业园区霞河头村
	莱州市沙河镇湾头村
	莱州市金城镇城后万家村
	莱州市三山岛街道王贾村
	莱州市城港路街道朱旺村
	莱州市虎头崖镇朱流村
	莱阳市万第镇梁家夼村
	莱阳市万第镇后石庙村
	栖霞市中桥镇南桥村
	栖霞市苏家店镇后寨村
	栖霞市臧家庄镇马陵冢村
	长岛县砣矶镇大口东山村
	龙口市诸由观镇西河阳村
	牟平区姜格庄街道里口山村
	潍坊市（15个）
	安丘市辉渠镇雹泉村
	安丘市辉渠镇西沟村
	安丘市辉渠镇下涝坡村
	安丘市辉渠镇黄石板坡村
	安丘市石埠子镇庵上村
	安丘市柘山镇薛家庄村

续表

	青州市弥河镇上院村
	青州市王坟镇赵家峪村
	青州市王府街道井塘村
	青州市云门山街道昭德古街
	昌邑市龙池镇齐西村
	昌乐县乔官镇响水崖村
	寿光市双王城生态经济园区朱头镇村
	坊子区坊安街道东王松村
	寒亭区寒亭街道西杨家埠村
济宁市（15个）	
	邹城市石墙镇上九山村
	邹城市郭里镇高李村
	邹城市郭里镇庙东村
	邹城市城前镇越峰村
	嘉祥县马集镇沈庄村
	嘉祥县马村镇张家垓村
	嘉祥县孟姑集镇岳楼村
	嘉祥县卧龙山街道双凤村
	曲阜市小雪街道凫村
	曲阜市吴村镇葫芦套村
	曲阜市尼山镇夫子洞村
	梁山县水泊街道刘集村
	梁山县黑虎庙镇西小吴村
	泗水县泗张镇梅鹿村
	泗水县泗张镇王家庄
泰安市（9个）	
	东平县接山镇常庄村
	东平县接山镇中套村
	东平县接山镇前口头村
	东平县银山镇东腊山村
	东平县老湖镇梁林村
	肥城市仪阳镇鱼山村
	肥城市孙伯镇南栾村
	岱岳区满庄镇上泉村
	岱岳区大汶口镇山西街村
威海市（13个）	
	荣成市宁津街道留村
	荣成市宁津街道东墩村
	荣成市宁津街道渠隔村
	荣成市宁津街道东楮岛村
	荣成市俚岛镇烟墩角村
	荣成市俚岛镇项家寨村

续表

	荣成市俚岛镇大庄许家村
	荣成市俚岛镇东烟墩社区
	荣成市港西镇小西村
	荣成市港西镇巍巍村
	荣成市港西镇鸡鸣岛村
	文登区高村镇万家村
	乳山市乳山寨镇南司马庄村
	日照市（4个）
	莒县桑园镇柏庄村
	莒县碁山镇天成寨村
	五莲县街头镇李崮寨村
	东港区三庄镇上卜落崮
	临沂市（14个）
	沂水县夏蔚镇王庄村
	沂水县马站镇关顶村
	沂水县院东头镇西墙峪村
	沂水县院东头镇桃棵子村
	沂南县铜井镇竹泉村
	沂南县马牧池乡常山庄村
	平邑县卞桥镇李家石屋村
	平邑县地方镇九间棚村
	费县梁邱镇邵庄村
	费县薛庄镇大良村
	蒙阴县岱崮镇丁家庄村
	莒南县大店镇庄氏庄园（七、八、九村）
	临沭县曹庄镇朱村
	蒙山旅游区柏林镇鬼谷子村
	德州市（3个）
	武城县李家户镇魏庄村
	武城县四女寺镇四女寺村
	临邑县德平镇闫家村
	聊城市（3个）
	阳谷县乔润街道迷魂阵村
	阳谷县七级镇七级运河古街区
	东昌府区堂邑镇路西村
	滨州市（1个）
	无棣县海丰街道城里村
	菏泽市（3个）
	巨野县核桃园镇付庙村
	巨野县核桃园镇前王庄村
	牡丹区马岭岗镇穆李村
	济南市（9个）

续表

传统民居	66个
	历城区唐王镇娄家庄村娄家祠堂
	历城区西营镇天晴峪村传统民居
	平阴县安城乡兴隆镇村民居
	平阴县孔村镇前转湾村廉家大院
	长清区张夏镇小娄峪村古建筑群
	济阳区回河镇举人王村卢氏旧居
	莱芜区高庄街道东沟里村李文珂故居
	莱芜区方下镇石家泉村民宅
	莱芜区颜庄镇下北港村段氏建筑群
	青岛市（3个）
	平度市田庄镇东潘家埠传统民居
	平度市田庄镇张舍盆李家村传统民居
	黄岛区张家楼镇西崔家滩村传统民居
	淄博市（6个）
	淄川区昆仑镇洄村古楼
	淄川区昆仑镇康家坞村传统民居
	淄川区磁村镇张李村传统民居
	周村区北郊镇大七村石氏庄园
	周村区王村镇西埔村毕自严故居
	博山区石马镇东石村传统民居
	枣庄市（3个）
	滕州市大坞镇大坞村张氏祠堂
	山亭区北庄镇抱犊崮古建筑
	薛城区周营镇牛山村孙氏宗祠
	东营市（3个）
	广饶县大王镇田门村田氏祠堂
	广饶县大王镇东张庄村传统民居
	广饶县乐安街道寨村泉顺院
	烟台市（4个）
	栖霞市臧家庄镇马陵冢村李氏庄园
	海阳市留格庄镇霞河头村霞河头庄园
	莱州市永安路街道海庙于家村海草屋
	牟平区姜格庄镇北头村都氏宗祠
	潍坊市（4个）
	昌邑市卜庄镇姜泊村民居
	潍城区乐埠山生态经济发展区范家村范企奭大院
	昌乐县宝都街道田老村明楼
	诸城市龙都街道孔戈庄二村徐会沣故居
	济宁市（6个）
	泗水县济河街道鲁舒村传统民居
	泗水县济河街道五里庙村苏家大院

239

续表

	泗水县金庄镇乔家村传统民居 泗水县金庄镇西岩店村乔氏庄园 梁山县拳铺镇拳北村传统民居 梁山县水泊街道张坊村张氏家祠 泰安市（3个） 东平县接山镇常庄村民居 东平县梯门镇前山西屯大队部 泰山景区大津口乡李家泉村传统民居 日照市（3个） 东港区三庄镇大夏家岭村四合院 经济技术开发区北京路街道大韩家村王献唐故居 岚山区碑廓镇碑廓二村山东军区军事工作会议旧址 临沂市（6个） 兰陵县向城镇杭头村传统民居 兰陵县庄坞镇河西村传统民居 兰陵县金岭镇压油沟村传统民居 莒南县十字路镇石泉湖村传统民居 郯城县马头镇源兴涌商号 费县探沂镇王家后峪村民居 德州市（4个） 宁津县相衙镇村27号民居 宁津县刘营伍乡刘营伍村民居 宁津县柴胡店镇闫集村25号民居 齐河县赵官镇北一村孟氏民居 聊城市（6个） 东阿县铜城街道郑于村传统民居 东阿县鱼山乡青苔铺村传统民居 阳谷县张秋镇张秋陈氏民居 阳谷县张秋镇张秋山陕会馆 冠县冠城镇南街村南街民居（中共鲁西北地委旧址） 茌平县博平镇仰山书院 滨州市（2个） 惠民县魏集镇魏集村魏氏庄园 惠民县魏集镇丁河圈村丁氏故居 菏泽市（4个） 巨野县章缝镇章西村田氏家祠 巨野县陶庙镇后董楼村董氏民居 成武县伯乐集镇邵继楼村传统民居 鄄城县红船镇孙老家祠堂

续表

乡村（社区）博物馆（传习所）	56个
	山东民俗文化博物馆 山东省非物质文化遗产传习厅和精品陈列厅 山东建筑大学"乡村记忆"研究展示基地 济南市（9个） 章丘区刁镇旧军乡村博物馆 历城区相公庄民俗博物馆 商河县鼓子秧歌传习所 中国阿胶博物馆 山东山歌榨油博物馆 莱芜区华山民俗博物馆 莱芜区天缘民俗文化博物馆 莱芜区雪野旅游区房干村村史展览馆 莱芜区山东亓氏酱香源民俗博物馆 青岛市（4个） 胶州市九兴博物馆 青岛非物质文化遗产博览园 平度市勇华民俗馆 莱西市胶东民俗文化博物馆 淄博市（2个） 周村区周村大街博物馆群 五音戏传承保护中心 枣庄市（1个） 市中区齐村砂陶大作坊传习所 东营市（1个） 东营区吕剧传习所 烟台市（3个） 福山区张格庄民俗博物馆 夏甸镇青龙夼村知青博物馆 剪纸传习所 潍坊市（4个） 高密市土地文化博物馆 潍坊鸢都红木嵌银漆器博物馆 昌邑市绿博园民间收藏博物馆 杨家埠民间艺术大观园 济宁市（4个） 微山县微山湖民俗博物馆 曲阜市大庄村博物馆 汶上县杨柳店民俗文化展馆 梁山非物质文化遗产博物馆 泰安市（4个） 泰山景区大津口乡李家泉村知青博物馆

续表

	泰山景区大津口乡沙岭村泰山挑山工博物馆 泰山景区大津口乡艾洼村泰山石敢当博物馆 泰山驴油火烧民俗文化博物馆 威海市（3个） 荣成市俚岛镇大庄许家乡村记忆馆 荣成市斥山街道西火塘寨乡村记忆馆 鲁绣博物馆 日照市（3个） 东港区日照记忆馆 莒县浮来山镇浮来山风景区刘勰故里民俗生态博物馆 莒县阎庄镇大北林村剪纸博物馆 临沂市（5个） 临沭县曹庄镇朱村博物馆 平邑东山民俗博物馆 兰陵县沂蒙山农耕博物馆 罗庄宝泉民俗博物馆 柳琴戏传习所 德州市（1个） 梁子黑陶博物馆 聊城市（1个） 东昌府民间艺术博物馆 滨州市（3个） 惠民惠风民俗博物馆 沾化区民俗馆 阳信县鼓书院 菏泽市（5个） 乡村记忆博物馆 郓城传递红色文化博物馆 郓城传统民居博物馆 曹州面塑艺术馆 中国鲁锦博物馆

后 记

2020年以来,世界、中国以及每一个人都面临着一场前所未有的考验。但这无法阻挡科研工作者的步伐,本人有幸主持山东省社科基金项目并付梓出版,在此感谢所有人的努力和付出。

感谢两年多来辛勤付出的所有项目组成员,尤其感谢山东大学历史文化学院档案学系2019级本科生胡晓烨同学对淄博市张店区的实践调研以及朱海月同学对临沂市临沭县朱村的实践调研,感谢山东省城乡和住房建设厅、山东省档案局、济南市档案馆、莱州市文化和旅游局、淄博市桓台县档案馆、张店区档案局、张店区马尚街道九级村、桓台县唐山镇后七村、青州市弥河镇赵疃村、青州市弥河镇张家洼村、寿光市纪台镇东方东村等政府部门或乡村对本课题的大力支持,感谢各位评审专家的鼎力推荐,感谢山东大学历史文化学院的出版经费资助,感谢光明日报出版社张金良老师对本书出版的大力支持和帮助,感谢家人对我的全力支持和无私付出。

限于笔者水平,书中尚有不少不足之处,错漏亦在所难免,还请广大读者多批评指正。

于山东大学中心校区
2022年6月20日